CLEMENS GROTHUIS

SPORTBOOT FÜHRERSCHEIN SEE

Inhalt

Vorwort

Schließen Sie einen Moment Ihre Augen. Stellen Sie sich vor, Sie sitzen auf einem Boot. Sie spüren den Wind in den Haaren und hören die Wellen rauschen. Und um Sie herum ist nur das weite Wasser. Der Wind bringt die Segel zum Flattern und hier und da hören Sie einen Seevogel. Momente wie diese stellen wir uns alle immer mal wieder in unseren Träumen vor. Viele Menschen wollen solche Träume Realität werden lassen. Ein Sportboot kann genau die richtige Grundlage für derartige Momente geben. Es gibt Sportboote mit Segel und ohne Segel, doch alle bieten ein Stück Freiheit. Auch wenn Sie kein offenes Meer in der Nähe haben, kann das Führen eines Bootes großen Spaß machen. Es vermittelt ein Gefühl von Freiheit, das auf dem Land kaum zu erhalten ist.

Wer ein Boot führen möchte, benötigt in Deutschland aber in der Regel einen sogenannten Sportbootführerschein. Dies gilt zumindest für alle Boote, die mit einem Motor betrieben werden. Auch viele Segelboote haben heutzutage einen Motor und werden daher von dieser Regelung erfasst. Sportbootführerscheine gibt es verschiedene. Einige davon erlauben das Fahren auf Binnengewässern, andere sogar das Fahren eines Bootes auf offener See. In jedem Fall erfüllt das Führen eines Bootes vielen Menschen einen großen Traum.

Wenn Sie diesem Traum einen Schritt näherkommen wollen, sind Sie mit diesem Buch genau an der richtigen Adresse gelandet. Hier dreht sich alles rund um die Sportbootprüfung. Schließlich ist eine gute Vorbereitung bei dieser Prüfung das Wichtigste. In diesem Buch werden Sie alles dafür lernen, was Sie wissen müssen. Ein ganz besonders entscheidendes Element können Sie jedoch nicht aus einem Buch erhalten. Dieses Element nennt sich Motivation. Sind Sie motiviert und haben Sie Freude daran, das Bootsführen zu lernen, wird auch die Prüfung für Sie kein großes Hindernis sein. Bleiben Sie daher dran, auch wenn es mal schwierig wird. Lassen Sie sich die Motivation nicht nehmen und denken Sie immer daran, für welches großartige Gefühl Sie das Lernen auf sich nehmen. Der Traum vom eigenen Boot ist nicht so weit weg. Selbst wenn Sie sich kein eigenes Boot zulegen möchten, werden Sie die Erlaubnis haben, ausgeliehene Boote zu fahren. Auch damit erreichen Sie ein unbeschreibliches Freiheitsgefühl und können Urlaub auf ganz neue Art und Weise erleben. In diesem Sinne: Viel Vergnügen!

Wissenswertes über das Sportboot

In diesem Buch werden Sie alles rund um das Thema Sportboot fahren lernen. Sie erhalten eine grundlegende Einführung in das Thema Sportboote. Zu Beginn erhalten Sie einen ausführlichen Einstieg in das Thema der Sportboot-Arten und der verschiedenen Führerscheine. Im weiteren Verlauf werden Sie mit allen Themen konfrontiert, die für die Prüfung, aber auch für das sichere Fahren nach der Prüfung relevant sind. Dazu gehört beispielsweise Sicherheit im Wasservekehr. Dies ist nicht nur ein wichtiger Teil der Prüfung, sondern auch für das sichere Fahren mit Freunden und Familie wichtig. Schließlich möchten Sie für den Ernstfall vorbereitet sein und dafür sorgen, dass alle Ihre Passagiere, die Sie möglicherweise mitnehmen wollen, sicher und wohlauf sind. Natürlich gibt es auch zahlreiche Gesetze und Regelungen zum Verkehrsrecht auf dem Wasser. Auch darüber werden Sie im Rahmen dieses Buches informiert. Sie lernen zudem alles über Signale, Hinweisschilder und andere wichtige Details auf dem Wasser kennen. Im Bereich der Seefahrt gibt es zahlreiche Fachbegriffe, die für Sie erläutert werden.

Auch eine umfassende Wetterkunde ist Teil dieses Buches. Das Wetter spielt schließlich eine große Rolle. Einerseits gibt es zahlreiche Wetterbedingungen, die sicheres Fahren nicht zulassen. Auf der anderen Seite benötigen Sie aber gerade bei Segelbooten auch ein gewisses Mindestmaß an Wind, um überhaupt in Gang zu kommen. Natürlich hilft ein Motor bei einem Sportboot dabei ganz enorm. Haben Sie jedoch ein Boot mit Segeln, möchten Sie dieses sicherlich auch nutzen. Neben all diesen theoretischen Hintergrundinformationen werden Sie selbstverständlich auch mit praktischen Details konfrontiert, auch wenn Sie mit Hilfe eines Buches natürlich keine praktischen Stunden vornehmen können. Das bedeutet noch längst nicht, dass Sie nicht trotzdem erste Erfahrungen sammeln können, die Sie auf die praktische Prüfung vorbereiten. So lernen Sie einiges zu speziellen Manövern und zum grundlegenden Ablegen und Anlegen. Schließlich kann es bereits für die ersten Fahrstunden sehr hilfreich sein, wenn Sie eine grundlegende Idee davon haben, wie Sie sich mit dem Boot überhaupt aus dem Hafen bewegen.

Im Anschluss erhalten Sie einige Informationen speziell über den Test. Mit Hilfe dieser Informationen werden Sie bestens auf die eigentliche Prüfung vorbereitet. Ihnen werden Beispielfragen erläutert und grundsätzliche Informationen über die Bereiche der theoretischen und praktischen Prüfung vermittelt. Damit Sie sich selbst testen können, erhalten Sie im Anschluss einen Übungstest. Insgesamt soll dieses Buch eine umfassende Vorbereitungsgrundlage für den Sportbootführerschein bieten. An dieser Stelle aber genug der Theorie und der vorangehenden Hinweise. Wir möchten Sie nun dazu ermutigen, ordentlich einzusteigen. Also machen Sie sich einen frischen Kaffee oder Tee und lehnen Sie sich zurück. Tauchen Sie entspannt ein in die faszinierende Welt der Sportboote. Keine Sorge – auch wenn Sie sich derzeit noch als Landratte fühlen, wird aus Ihnen schon bald ein richtiger Seemann!

Faszination Sportboot

Schon viele kleine Kinder träumen davon, mit ihrem Boot die sieben Weltmeere zu erobern. Zahlreiche dieser Kinder unternehmen im späteren Alter zahlreiche Wassersportarten wie Rudern, Kajakfahren, Kanufahren, Surfen, Wasserskifahren oder sogar Segeln. Auch das Sportbootfahren gehört seit vielen Jahren zu den beliebtesten Hobbys auf dem Wasser – auch wenn die meisten Menschen nicht direkt mit dem Sportboot beginnen. Sportbootfahren kann ein kostspieliges Hobby sein, allein weil das Anschaffen eines Bootes teuer werden kann. Dabei muss man jedoch unterscheiden, dass es viele verschiedene Sportbootarten gibt. In diesem ersten Kapitel erhalten Sie einen Einblick, was es bedeutet, das Sportbootfahren zu beginnen. Wodurch unterscheidet sich ein Sportboot von anderen Booten und welche verschiedenen Arten von Sportbooten kennt man? Was macht diese Art, auf dem Wasser zu sein, so besonders?

Sportboote definiert

Was unterscheidet ein Sportboot von anderen Booten? Ein Sportboot ist grundsätzlich als ein Wasserfahrzeug, das zu Sport- oder Erholungszwecken verwendet wird, definiert. Für eine genauere Definition gibt es eine EU-Richtlinie. Deutschland- und europaweit sind alle Arten von Fahrzeugen streng geregelt. Verantwortlich für die Regelung von Sportbooten ist die *Richtlinie 2013/53/EU des Europäischen Parlaments und des Rates vom 20. November 2013 über Sportboote und Wassermotorräder und zur Aufhebung der Richtlinie 94/25/EG* oder kurz: *Richtlinie 2013/53/EU.*

Dieser Richtlinie zufolge bezeichnet der Begriff Sportboot sämtliche Wasserfahrzeuge, unabhängig von ihrer Antriebsart, die eine Rumpflänge von zweieinhalb bis 24 Metern aufweisen. Außerdem müssen Sportboote für den Sport und andere Freizeitzwecke bestimmt sein. Ausgeschlossen von dieser Definition sind Wassermotorräder.

Grundsätzlich lässt sich daraus entnehmen: Sportboote sind für die Freizeitgestaltung geeignet und dürfen nur eine bestimmte Länge betragen. In der sogenannten See-Sportbootverordnung wird weiter definiert, dass Sportboote für nicht mehr als zwölf Personen zuzüglich Fahrzeugführer und Besatzung zugelassen sind.

Sportboote unterscheiden sich damit gesetzlich von anderen Fahrzeugen vor allem durch drei Hauptkriterien:

- **Sie sind für Sport und andere Freizeitzwecke bestimmt.**
- **Sie betragen eine minimale Länge von zweieinhalb Metern und eine maximale Länge von 24 Metern.**
- **Sie sind für maximal zwölf Passagiere zugelassen (zuzüglich Fahrzeugführer und Besatzung).**

Viele Menschen gehen bei Sportbooten von Motorbooten aus. Dabei gibt es verschiedene Arten von Sportbooten – darunter auch Segelboote.

Vergnügen für jeden – verschiedene Arten von Sportbooten

Der Begriff Sportboot bezeichnet also eine Vielzahl diverser Bootsformen. Gemeinsam haben diese Boote im Grunde nur eins: das sportliche und freizeitliche Vergnügen auf dem Wasser.

Die meisten Freizeitboote, die in den Rahmen der zugelassenen Größe und Passagieranzahl passen, gehören in die Klasse der Sportboote. Darunter fallen selbstverständlich zahlreiche Motorboottypen.

Beispiele:
Beispiele dafür sind *Bowrider*, *Runabouts* und *Daycruiser*.

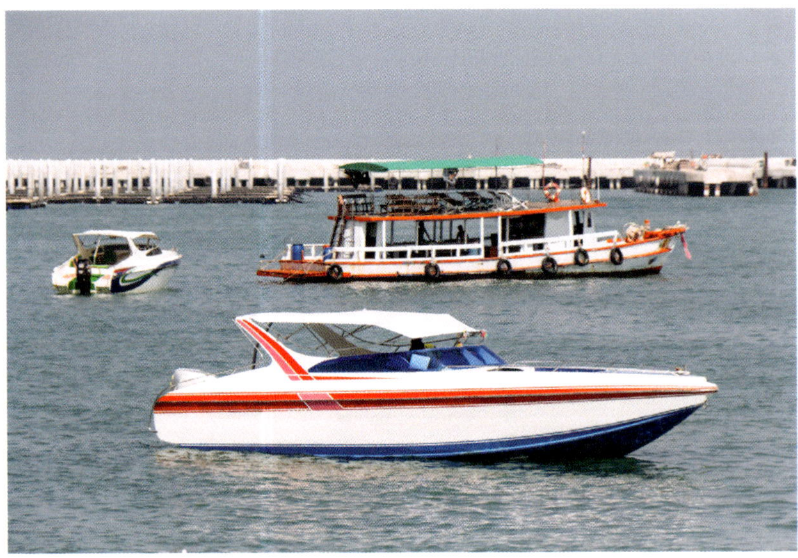

Auch kleine Sportyachten gehören in die Kategorie der Sportboote. Nicht zu diesen Booten gehören kleinere Boote, mit denen sich die Fahrer in der Regel nur in Ufernähe aufhalten.

Beispiele:
Beispiele dafür sind kleine Schlauchboote und Flöße.

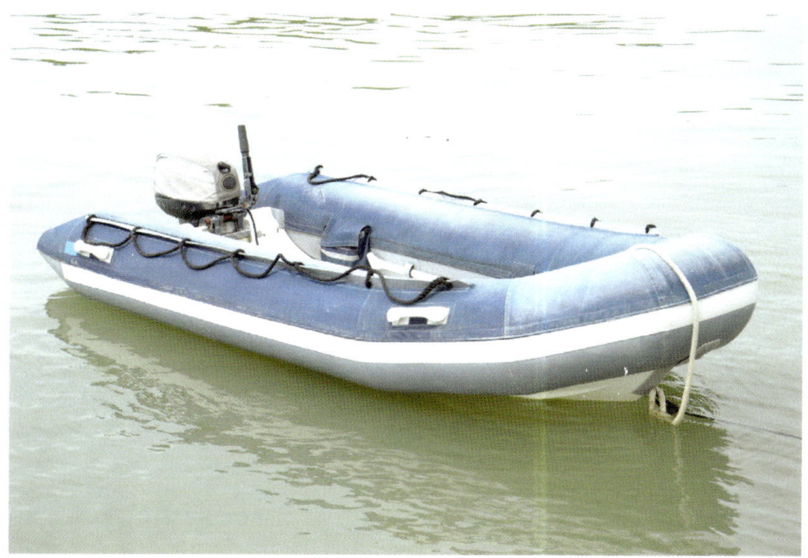

Mit diesen Booten wird streng genommen zwar auch die Freizeit gestaltet, allerdings sind die Boote auch so klein, dass sie keinen Führerschein benötigen. Zudem lässt es sich damit nicht weit auf das Wasser hinaus fahren. Das wiederum bedeutet: Es besteht weniger Notwendigkeit über das Wissen von Risiken auf dem Wasser. Auch die Tatsache, dass sich mit Schlauchbooten und Flößen nur eine sehr geringe Geschwindigkeit erzielen lässt, spielt eine Rolle.

Sportboote lassen sich aber auch noch anderweitig kategorisieren. So gibt es beispielsweise Sportboote für Binnengewässer und solche, die auch für offene Gewässer zugelassen sind. Sportboote, die sich nicht nur auf kleinen Binnengewässern aufhalten, müssten beispielsweise für starke Windstärken und hohe Wellen konstruiert worden sein. Die Boote werden entsprechend einer sogenannten *Seetauglichkeitskategorie* eingeteilt. Nur Boote der *Seetauglichkeitskategorie B* sind für Fahrten außerhalb des Küstenbereichs geeignet. Auch für diese Fahrten sind jedoch keine extremen Wetterbedingungen zu erwarten. Boote der *Seetauglichkeitskategorie A* wiederum sind für stärkere Windstärken und Wellenhöhen auf freier See konstruiert worden. Mehr über diese Details erfahren Sie jedoch im späteren Verlauf des Buches.

An dieser Stelle nur der Hinweis, dass es mehrere Möglichkeiten gibt, Sportboote zu kategorisieren.

Auch die verschiedenen Einsatzmöglichkeiten sind ein wichtiges Kriterium. So gibt es beispielsweise Sportboote mit sogenannter Innenborder und Sportboote mit sogenannter Außenborder. Die Innen- bzw. Außenborder ist die Antriebsart des Bootes. Boote mit Außenborder haben häufig vielseitige Einsatzmöglichkeiten. So können viele dieser Boote beispielsweise für das Wasserskifahren und das Wakeboarden eingesetzt werden. Auch über die Antriebsart der Boote lernen Sie im späteren Verlauf mehr.

Sogenannte Speedboote wiederum sind besonders für schnelles Fahren geeignet. Wenn Sie also auf einen Adrenalinkick stehen, sollten Sie sich mit diesem Bootstyp näher beschäftigen. Abhängig von ihrer Seetauglichkeitskategorie und den Einsatzmöglichkeiten sind die Boote auch unterschiedlich ausgestattet. Es gibt beispielsweise größere Bootstypen, die mit einer kleinen Kajüte ausgestattet sind, und solche, die vollständigen Luxus bereithalten (viele Luxusyachten sind beispielsweise sehr bequem eingerichtet und eignen sich theoretisch auch für längere Aufenthalte auf dem Wasser). Dann wiederum gibt es kleine Sportboote, die ganz ohne Kajüte auskommen.

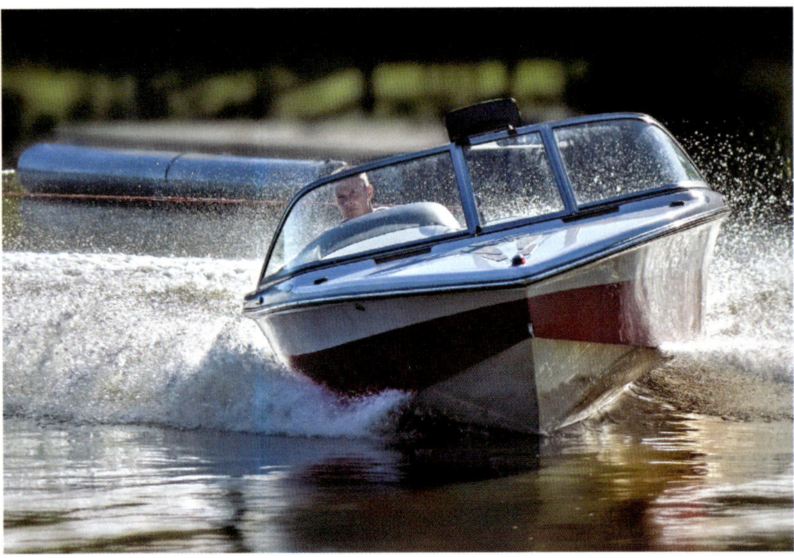

All diese Kriterien spielen insbesondere dann eine Rolle, wenn Sie darüber nachdenken, ein eigenes Boot zu kaufen. Selbstverständlich müssen Sie dies als Anfänger nicht gleich machen. Mit dem Führerschein können Sie Sportboote auch regelmäßig ausleihen. Ob es sich lohnt, ein Sportboot gebraucht oder neu zu kaufen oder nach Bedarf zu leihen, hängt ganz davon ab, wie häufig Sie tatsächlich fahren. Neben dem Kauf eines Bootes müssen Sie natürlich auch noch andere Kosten, wie beispielsweise die Unterbringung, beachten. Doch all dies kommt nach dem Führerschein – schließlich müssen Sie zunächst in der Lage sein, das Boot sicher zu manövrieren.

Faszination Sportboote – darum lohnt sich der Führerschein

Sportboote stellen für viele Menschen eine besondere Faszination dar. Mit ihnen kann teilweise mit hoher Geschwindigkeit über das Wasser gedüst werden. Man erlebt die Welt von einem ganz neuen Blickwinkel! Wer hat sie nicht, die romantische Vorstellung einer kleinen Fahrt über den See? Oder vielleicht träumen Sie auch eher von einer heiteren Sommerparty auf Ihrer Yacht?

Ein weiterer Vorteil der Sportboote: Sie benötigen in der Regel kaum Besatzung. In vielen Fällen genügt es völlig, wenn ein Sportführerscheininhaber das Boot alleine lenkt. Das gilt vor allem für rein motorbetriebene Boote. Hingegen verlangen viele reine Segelboote mindestens zwei oder drei Besatzungsmitglieder, um das Boot sicher zu steuern (vor allem, wenn kein unterstützender Motor eingebaut ist). Selbstredend hängt dies immer vom jeweiligen Bootstyp ab. Grundsätzlich lässt sich aber sagen: Meist werden Sie ohne weitere Crew-Mitglieder auskommen. So können Sie Freunde und Familie bedenkenlos einladen. Sportboote, die von einem Motor betrieben werden, sind außerdem weniger wetterabhängig. Für reine Segler hingegen wird immer ein Mindestmaß an Wind benötigt (während motorbetriebene Boote höchstens von zu viel Wind abgehalten werden).

Sportboote sind nicht nur etwas für Adrenalinjunkies. Auch sehr gemütliche Seefahrten mit Freunden, Familie oder auch romantisch mit Partner oder Partnerin können sehr schön sein. Ist ein bisschen Platz auf dem Boot, kann man einen gemütlichen Nachmittag mit Spielen, Essen und Getränken gestalten. Wenn Sie das Leben vom Wasser aus genießen möchten, sollten Sie die Führerscheinprüfung auf jeden Fall wagen.

Hat Sie die Faszination gepackt? Dann bleiben Sie dran! In den folgenden Kapiteln lernen Sie alles, was Sie über den Sportbootführerschein wissen müssen. Welche Voraussetzungen benötigen Sie? Welche Verantwortung kommt mit dem Führerschein auf Sie zu? Die nächsten Kapitel werden Ihnen umfangreiche Antworten liefern.

Der Sportbootführerschein

Der Sportbootführerschein ist nicht nur ein unterhaltsames Unterfangen. Natürlich dient der Führerschein in erster Linie der Freizeitgestaltung. Allerdings sollte man auch stets beachten, dass mit dem Führerschein eine gewisse Verantwortung einhergeht. Den Führerschein zu bekommen, ist kein Hexenwerk. Dennoch müssen einige Voraussetzungen erfüllt sein. Um genau diese Voraussetzungen wird es in diesem Kapitel gehen. Welche Mindestanforderungen müssen erfüllt werden? Welche Pflichten gehen mit dem Führerschein einher? Welche formalen Forderungen müssen erfüllt sein? All das und viele weitere Fragen werden in den folgenden Abschnitten geklärt.

Voraussetzungen

Für den Erwerb des Sportbootführerscheins müssen gewisse Mindestvoraussetzungen erfüllt sein. Zu den wichtigsten Voraussetzungen gehören die folgenden 3 Punkte:

- Mindestalter
- Medizinische Eignung
- gegebenenfalls Vorlage eines gültigen KFZ-Führerscheins

Für einen Bootführerschein unter Segel ist ein Mindestalter von 14 Jahren vorgeschrieben. Genauer gesagt: Am Tag der Zulassung muss der Erwerber mindestens 13 Jahre und 9 Monate alt sein.

Bootführerschein unter Segel: Wenn Sie ein Segelschiff mit einem Motor, der stärker als 15 PS ist, nutzen möchten, ist der Sportbootführerschein verpflichtend. Einen eigenen Segelschein benötigen Sie wiederum nicht. Gesetzlich sind Segelscheine nicht vorgeschrieben, sondern dienen dem freiwilligen Kenntnisnachweis. Wer allerdings mit einem Segelmotorboot unterwegs sein möchte, muss bei den meisten Bootsverleihen sowohl den Sportbootführerschein als auch Segelkenntnisse vorweisen können. Viele Segel- und Sportbootschulen bieten Grundkurse im Segeln an. Wesentlich umfangreicher und effektiver sind die sogenannten Sportküstenschifferscheine, mit denen umfangreich das Segeln gelernt wird. Dieser Schein ist sozusagen der Führerschein für Segelyachten. Bootsverleihe werden in der Regel diesen Schein als Kenntnisnachweis sehen wollen. Ist ein Funkgerät auf dem Segelboot vorhanden, muss außerdem ein sogenanntes Seefunkzeugnis oder Binnenfunkzeugnis vorgezeigt werden können. Daneben gibt es noch eine Reihe weiterer Kurse und Scheine, die belegt werden können – häufig für den professionellen Betrieb.

Hinweis:
Wenn Sie ein Sportboot mit Segeln führen möchten, ist es empfehlenswert, den Sportbootführerschein See und den Sportküstenschifferschein zu machen. Der Sportbootführerschein See ist grundsätzlich Zulassungsvoraussetzung für den Sportküstenschifferschein.

Für den Führerschein mit einer Antriebsmaschine sind 16 Jahre Mindestalter vorgeschrieben, um genau zu sein: 15 Jahre und 9 Monate am Tag der Zulassung. Das Mindestalter kann nicht umgangen werden. Es ist allerdings deutlich niedriger als das Mindestalter für einen KFZ-Führerschein. Auch Minderjährige können also grundsätzlich den Sportbootführerschein erwerben. Allerdings werden sie dafür die Zustimmung der Eltern oder eines Erziehungsberechtigten benötigen.

Neben dem Mindestalter ist auch die medizinische Eignung Grundvoraussetzung für den Erwerb eines Sportbootführerscheins. Um diese nachzuweisen, wird ein sogenanntes *Ärztliches Zeugnis für Sportbootführerschein-Bewerber* verlangt. Um dieses Zeugnis zu erhalten, muss ein Termin beim Arzt gemacht werden. Dabei geht es nicht darum, dass der Arzt eine Liste von Tauglichkeitskriterien erstellt, die alle möglichen Gesundheitsstörungen abdecken. Allerdings soll auf eine Reihe von besonders wichtigen Merkmalen geachtet werden. Der Arzt untersucht den Patienten auf Basis einer Reihe von Orientierungskriterien. Insgesamt soll sowohl die körperliche als auch die psychische Tauglichkeit erfasst werden. Das bedeutet, dass der Mediziner vor allem darauf achtet, dass die tätige Person nicht an einer **Krankheit oder Behinderung** leidet, aufgrund derer sie nicht in der Lage sein könnte, den für den Betrieb des Sportboots notwendigen Aufgaben gerecht zu werden. Schließlich ist es für die Sicherheit auf See absolut notwendig, dass die notwendigen Aufgaben grundsätzlich jederzeit ausgeführt werden können. Außerdem muss die Umgebung jederzeit korrekt wahrgenommen werden.

Daher stehen im Mittelpunkt einer solchen Überprüfung häufig ein Nachweis für **ausreichendes Sehvermögen** und für **ausreichendes Farbunterscheidungsvermögen**. Daneben ist auch die Überprüfung eines ausreichenden **Hörvermögens** unerlässlich. Der untersuchende Mediziner wird gegebenenfalls noch eine Reihe diverser anderer Orientierungskriterien zu Hilfe ziehen. Wer zu seinem Hausarzt geht, sollte in der Regel jedoch keine Probleme haben, das entsprechende Zeugnis in kürzester Zeit zu erhalten. Unter Umständen muss jedoch ein Termin beim Optiker oder einem anderen Spezialisten vereinbart werden. Das medizinische Zeugnis kann nur dann ausgelassen werden, wenn der Erwerber des Sportbootführerscheins bereits im Besitz eines anderen Sportbootführerscheins, beispielsweise für einen anderen Geltungsbereich oder eine andere Antriebsart, ist. Der vorhandene Führerschein ersetzt in dem Fall die medizinische Eignungsprüfung. Dies gilt allerdings nur dann, wenn der andere Sportbootführerschein nicht älter als ein Jahr ist. Maßgeblich sind jeweils die Zeitpunkte der Antragstellung.

Hinweis:
Ein nicht-perfektes medizinisches Ergebnis ist nicht unbedingt ein Ausschlusskriterium für den Sportbootführerschein. Mangelndes Sehvermögen kann beispielsweise unter Umständen mit einer Sehhilfe ausgeglichen werden. Ähnlich wie beim KFZ-Führerschein ist das Führen des Bootes dann nur mit entsprechender Sehhilfe gestattet. Dies wird entsprechend dokumentiert und schon kann mit der Prüfung begonnen werden! Es muss sich also niemand darum sorgen, ein einwandfreies medizinisches Ergebnis zu erzielen. Der Test dient vielmehr dazu, Risiken zu erkennen und nach Möglichkeit entsprechende Maßnahmen zur Vorbeugung von Unfällen zu unternehmen.

Bei Erwachsenen wird letztlich noch die Vorlage eines gültigen KFZ-Führerscheins oder eines Führungszeugnisses verlangt. Dadurch soll sichergestellt werden, dass keine Vergehen oder Ordnungswidrigkeiten vorliegen, die der Tauglichkeit des Führerscheins entgegenstehen könnten. Auf eine solche Vorlage wird jedoch bei Minderjährigen verzichtet.

Formales

Wer den Sportbootführerschein erwerben möchte, muss dabei einige formale Kriterien beachten. So gibt es beispielsweise verschiedene Führerscheine für verschiedene Geltungsbereiche. Eine ganz entscheidende Frage, die sich jeder Erwerber daher ganz zu Beginn stellen muss, ist: Welche Gewässer möchte ich mit dem Boot befahren? So gibt es beispielsweise unterschiedliche Führerscheine für das Befahren von Binnengewässern und für das Befahren des Meers. Für beide Führerscheine müssen unterschiedliche Kriterien erfüllt sein. Unterschiedliche Prüfungen müssen abgelegt werden, um auf unterschiedlichen Gewässern zu fahren. Auch können die Prüfungen sich dahingehend unterscheiden, welche Art Boot gefahren werden darf. Natürlich ist es auch möglich, Führerscheine für mehrere Geltungsbereiche zu erwerben.

Sportbootführerscheine für unterschiedliche Geltungsbereiche

Grundsätzlich benötigen Sie einen Sportbootführerschein zum Führen eines Bootes ab einer Leistung von 15 PS. Dieser Führerschein kann bei einer Wassersportschule erworben werden. Wassersportler, die mit einem kleinen Motorboot über Binnengewässer schippern möchten, benötigen den *Bootführerschein Binnen*. Wenn Sie jedoch auf das offene Meer hinaus möchten, benötigen Sie stattdessen den Führerschein für die Nutzung von Seefahrtstraßen. Dieser wird kurz auch *Bootführerschein See* genannt.

Hinweis:
Der Name kann etwas trügerisch sein, da viele Menschen als Erstes an *den* See anstatt *die* See (= das Meer) denken. Dieser Führerschein ist jedoch gerade nicht für das Fahren auf Binnengewässern, sondern für das offene Meer gedacht.

Bis zum Jahr 2017 wurden für verschiedene Sportbootführerscheine je nach Geltungsbereich völlig verschiedene Führerscheine ausgestellt. Seit Beginn des Jahres 2018 und der Einführung der neuen Sportbootführerschein-Verordnung gibt es jedoch noch einen einheitlichen Führerschein im Scheckkartenformat. Auf diesem wird der jeweilige Geltungsbereich einfach eingetragen. Grundsätzlich unterscheidet sich das Format der Führerscheine davon abgesehen nicht mehr. Die formalen Bedingungen für verschiedene Scheine sind grundsätzlich gleich. Einer der wenigen bedeutenden Unterschiede liegt jedoch beim Mindestalter. Wie bereits erwähnt, kann der Sportbootführerschein grundsätzlich bereits ab 14 Jahren erhalten werden. Für den Sportbootführerschein See muss allerdings ein Mindestalter von 16 Jahren erreicht sein. Unterschiedliche Voraussetzungen für die medizinische Eignung beispielsweise gibt es jedoch nicht. Für die tatsächliche Ausstellung des Führerscheins im Scheckkartenformat muss außerdem ein Passfoto gemacht werden.

Die Formalia rund um die Prüfung

Der Prüfung geht eine Ausbildung voraus. Diese besteht aus einem theoretischen und einem praktischen Teil. Der theoretische Teil besteht in der theoretischen Vorbereitung und der eigentlichen Theorieprüfung. In welchem Umfang Sie sich auf die Prüfung vorbereiten, ist Ihnen selbst überlassen. Sie können einen Theoriekurs in der Bootsfahrschule besuchen. Alternativ können Sie allerdings auch einen Online-Kurs von zu Hause aus absolvieren. Einen theoretischen Sportbootführerschein-Kurs in der Sportbootschule zu absolvieren, ist keine Pflicht. Viele Anbieter von Online-Kursen haben mittlerweile großen Erfolg. Zudem finden Sie mehrere Bücher und andere Hilfsmittel, mit denen Sie sich ordentlich vorbereiten können. Letztlich kommt es nur darauf an, dass Sie einen Weg finden, sich auf die Prüfung vorzubereiten, der zu Ihnen passt. Ob Sie dies in der Schule oder von zu Hause aus machen, spielt dabei keine Rolle. Viele Menschen schätzen den sozialen Aspekt der Schule, andere jedoch arbeiten lieber alleine und flexibel zuhause. In der Sportbootschule sind die theoretischen Lehrgänge zur Prüfungsvorbereitung meist über mehrere Wochen oder sogar Monate verteilt. Sie finden zumeist außerdem in kleinen Gruppen statt. Einige Bootschulen bieten neben diesen regulären Kursen auch Abendkurse, Crashkurse oder Wochenendkurse an. Diese sind vor allem für solche Schüler geeignet, die unter der Woche Vollzeit berufstätig sind oder besonders lange Anfahrtswege zur Schule haben. In Wochenend- oder Crashkursen werden Theorie und Praxis meist nacheinander abgehandelt. Auf diese Art und Weise können Sie den Führerschein beispielsweise sogar mit dem nächsten Urlaub verbinden.

Onlinekurse sind häufiger etwas günstiger. Auch dieser Aspekt kann eine entscheidende Rolle spielen. Außerdem sind Sie bei der Gestaltung dieser Kurse weitgehend flexibel. Berücksichtigen Sie bei Ihrer Entscheidung auf jeden Fall, welcher Lerntyp Sie sind. Nehmen Sie keinen der Kurse auf die leichte Schulter. Die Prüfung ist immer gleich aufgebaut, egal, ob Sie sich auf den Sportführerschein online vorbereitet haben oder einen Lehrgang vor Ort durchgeführt haben. Selbst mit einem Onlinekurs können Sie allerdings den Praxisteil nicht umgehen. Nur die Gestaltung der Theorie bleibt Ihnen frei überlassen. Sie benötigen jedoch immer einen Praxiskurs oder die Mindestanzahl von Fahrstunden in einer Sportbootschule. Nur so können Sie ordentlich manövrieren lernen, Knoten binden und aus erster Hand die Risiken und Freuden auf See kennenlernen. Inhalt der Prüfung sind stets einige Basisfragen, Pflichtmanöver, Knoten und ähnliche praktische Elemente. Die Basisfragen sind bei beiden Führerscheinen gleich, die Manöver und andere Details sind entsprechend auf den jeweiligen Führerschein angepasst.

Ist die Prüfung erst einmal erfolgreich bestanden, können es viele Sportbootfahrer nicht mehr erwarten, auf See zu sein. Allerdings sollte man mit Erwerb des Führerscheins nicht sofort überstürzt aufbrechen. Das ist natürlich nicht immer ganz einfach. Schließlich steigt die Vorfreude von dem ersten Moment, in dem man der Sportbootschule beitritt oder mit der Theorie zu Hause beginnt, immer mehr. Allerdings sollte man ein paar Vorüberlegungen beachten. Haben Sie beispielsweise an eine Versicherung für Ihr Sportboot gedacht? Oder eine Bootshaftpflichtversicherung? Einige Versicherungen können durchaus sinnvoll sein, um bestimmte Schäden an Ihrem oder anderen Booten abzusichern. Die klassische private Haftpflichtversicherung schließt Wassersport meistens nicht mit ein. Erkundigen Sie sich allerdings zuvor bei Ihrer Versicherung. Typische Schadensfälle am eigenen Boot sind übrigens beispielsweise Diebstahl, Brand, Kollision oder auch Sturmschäden. Insbesondere Sturmschäden sollten nicht unterschätzt werden. **Übrigens:** Sportbootführerscheine haben kein Ablaufdatum. Sie sind ein Leben lang gültig. Daher benötigen Sie nach einmaligem Erwerb der Prüfung nie wieder eine neue Prüfung. Haben Sie den Führerschein einmal erworben, können Sie ihn ein Leben lang nutzen. Übertragen lässt sich ein solcher Führerschein natürlich nicht. Im Grunde weist der Sportbootführerschein in diesem und vielen anderen Aspekten zahlreiche Ähnlichkeiten mit dem KFZ-Führerschein auf. Wer bereits einen solchen Führerschein hat, wird also nicht allzu überrascht von den Formalia und Details des Sportbootführerscheins sein.

Was sonst noch beachtet werden muss

Neben all diesen Punkten müssen Sie selbstverständlich noch einige andere Details beachten. So spielen Zeit und Geld wie bei jedem anderen Vorhaben auch eine Rolle. Für den Erwerb des Sportbootführerscheins müssen Sie mindestens 150 bis 200 € einplanen. Diese Kosten beinhalten die Kosten für die praktischen Stunden und die Prüfung. Möchten Sie an Theoriekursen teilnehmen, Online-Kurse bezahlen, Lehrbücher kaufen oder extra Fahrstunden nehmen, erhöht sich die Summe merklich. Ein Sportbootführerschein kann dann schnell bis zu 500 € kosten. Natürlich erhöht sich die Summe auch wie beim KFZ-Führerschein, wenn die Prüfung mehrfach wiederholt werden muss. Schließlich müssen jedes Mal aufs Neue Prüfungsgebühren bezahlt werden.

Der zeitliche Rekord für das Erwerben eines Sportbootführerscheins liegt bei elf Tagen. Er wird derzeit von einem Hamburger gehalten, der ohne Vorkenntnisse den Erwerb in seinem Urlaub durchführen wollte. In der Regel sollten Sie jedoch dazu bereit sein, mehrere Wochen oder Monate Zeit zu investieren. Die Länge kann sich hinziehen, je nachdem, wie viel Zeit Sie pro Tag zur Verfügung haben. Haben Sie einen Vollzeitjob und möglicherweise noch familiäre Verpflichtungen, wird Ihr Lernpensum pro Tag deutlich geringer ausfallen, als wenn Sie beispielsweise alleinstehend sind, in Teilzeit arbeiten oder sogar noch studieren / zur Schule gehen. Crashkurse oder Wochenendkurse können die Vorbereitungsphase verkürzen. Insgesamt ist es empfehlenswert, von Beginn an einen realistischen Zeitplan aufzustellen und sich daran zu halten. So können Sie sicherstellen, dass Sie nicht in Stress geraten und am Ball bleiben.

Tipp:
Regelmäßigkeit ist der Schlüssel zum Erfolg: Sie werden sehr wahrscheinlich mehr Erfolg haben, wenn Sie drei Tage pro Woche 15 Minuten Theorie lernen, als unregelmäßig eine Woche lang jeden Tag und dann für zwei Wochen so gut wie gar nicht lernen.

Bedenken Sie auch, dass Sie Termine rechtzeitig vereinbaren. So kann es beispielsweise vorkommen, dass ein Termin beim Arzt ein paar Tage mehr in Anspruch nimmt. Auch Prüfungs- und Kurstermine bei der Bootschule sollten rechtzeitig vereinbart werden, damit Sie keine langen Wartezeiten riskieren. Ärztliche Atteste verlieren übrigens nach einem Jahr Ihre Gültigkeit. Warten Sie länger als zwölf Monate, müssen Sie sich um ein neues Attest kümmern. Eine ordentliche Vorbereitung und ausführliche, realistische Planung sind daher das A und O.

Der Sportbootführerschein als Basisschein

Immer wieder wird empfohlen, den Sportbootführerschein See als Erstes abzulegen, wenn mehrere Sportbootführerscheine erworben werden möchten. Selbst wenn Sie jetzt noch nicht wissen, ob Sie mehrere Sportbootführerscheine benötigen, ist es eine Überlegung wert, mit dem Sportbootführerschein See anzufangen. Dieser Gedanke ist nicht für jeden intuitiv. Schließlich scheint der Sportbootführerschein für Binnengewässer deutlich einfacher. Es scheint auf den ersten Eindruck auch naheliegender, mit ruhigeren Gewässern zu beginnen. Die Risiken auf offener See sind schließlich deutlich höher als jene auf einem friedlichen Gewässer.

Allerdings können Sie sich mit Erwerb des Sportbootführerscheins See Prüfungsgebühren und Zeit sparen. Haben Sie diesen Sportbootführerschein bereits in der Tasche, müssen Sie nämlich keine praktische Prüfung mehr ablegen, um den Bootführerschein Binnen zu bekommen. Hier müssen Sie zwar noch eine Theorieprüfung ablegen, auch dieser wird jedoch einfacher. Die sogenannten Basisfragen, die das gleiche Wissen bei jedem Sportbootführerschein abfragen, werden in diesem Fall nämlich entfallen. Sie müssen also zum nachträglichen Erwerb des Sportbootführerscheins Binnen nur noch spezifische Fragen zu dieser Prüfung in Binnengewässern ablegen. Umgekehrt ist dies übrigens nicht so.

Absolvieren Sie zunächst die Prüfung des Führerscheins Binnen, entfallen bei der zweiten Prüfung nur die Wahlpflicht-Manöver und die Basisfragen. Sie müssen dennoch vorgeschriebene Manöver des Sportbootführerscheins See durchführen. Die Prüfung gestaltet sich andersherum also immer noch wesentlich umfangreicher. Letztlich können Sie natürlich auch überlegen, beide Prüfungen zeitgleich durchzuführen. Dies kann allerdings sehr stressig werden. Die Fragenkataloge für beide Prüfungen sind relativ umfangreich. Sie müssten zeitgleich spezifische Fragen sowohl für den Sportbootführerschein See als auch für den Sportbootführerschein Binnen lernen. Das kann, je nachdem, wie sich Ihr Pensum im Alltag sonst gestaltet, sehr viel Arbeit sein. Die Empfehlung lautet daher stets: Beginnen Sie mit dem Sportbootführerschein See, es sei denn, Sie sind sich sicher, dass Sie nur den für Binnengewässer erwerben möchten.

Auf den Punkt gebracht – Informationen rund um den Sportbootführerschein

Sportbootführerscheine gibt es für verschiedene Geltungsbereiche. Für diese Geltungsbereiche gibt es unterschiedliche Prüfungen. Die Prüfungen bestehen aus einem theoretischen und einem praktischen Teil. Für die Theorie kann sowohl ein Kurs vor Ort in der Sportbootschule als auch ein online Kurs absolviert werden. Für den praktischen Teil müssen praktische Fahrstunden durchgeführt werden. In der Prüfung werden beispielsweise Fragen rund um die Theorie, Knoten und gewisse Wahlpflicht-Manöver durchgeführt. Die Vorbereitung sollte nicht auf die leichte Schulter genommen werden. Mit einer guten Vorbereitung kann allerdings auch ein gutes Ergebnis erzielt werden. Grundsätzlich ist es stets empfehlenswert, den Sportbootführerschein See zuerst zu vollziehen. Nach Erwerb dieses Sportbootführerscheins können Sie unter geringem Aufwand auch jeden anderen Sportbootführerschein erhalten. Umgekehrt ist die Prüfung zum Sportbootführerschein See immer noch sehr umfangreich, auch wenn bereits ein erworbener Sportbootführerschein Binnen vorhanden ist. Für jede Prüfung müssen gewisse Mindestvoraussetzungen erfüllt werden. In der Regel wird vor allem auf die medizinische Eignung und das Mindestalter geschaut. Grundsätzlich kann ein Sportbootführerschein für Binnengewässer bereits ab einem Alter von 14 Jahren erworben werden. Allerdings ist bei Minderjährigen stets die Einwilligung der Erziehungsberechtigten notwendig.

Schnelltest: Bin ich bereit für den Sportbootführerschein?

Sind Sie bereit für den Sportbootführerschein? Mit diesem Schnelltest können Sie sich einen kurzen Überblick verschaffen, ob Sie für die bevorstehenden Aufgaben gut vorbereitet sind. Dieser Test verschafft Ihnen eine erste Idee und legt die wichtigen Themengebiete und Bereiche nahe, die für den Führerschein für Boote relevant sind. Beantworten Sie die Fragen ehrlich und machen Sie sich keine Sorgen, wenn Sie nicht jede Frage mit Ja beantworten können. Sie benötigen kein perfektes Ergebnis, um für die Prüfung bereit zu sein. Vielmehr kommt es an dieser Stelle darauf an, dass Sie verstehen, welche Punkte für die erfolgreiche Vorbereitung auf den Test wichtig sind. Beantworten Sie die folgenden Fragen:

- Habe ich ein Mindestalter von 14 (bzw. 16) Jahren erreicht?

- Für Volljährige: Habe ich einen KFZ-Führerschein oder ein Führungszeugnis beantragt?

- Für Minderjährige: Habe ich die (schriftliche) Einwilligung meiner Eltern oder Erziehungsberechtigten für mein Vorhaben?

- Habe ich eine ärztliche Bestätigung über die gesundheitliche Eignung? Wenn nicht: Habe ich eine Sehhilfe oder anderweitige Hilfe, die meine Schwäche ausgleicht?

- Bin ich bereits auf dem Wasser unterwegs oder im Wassersport aktiv gewesen?

- Weiß ich, ob ich mit Wellengang zurechtkommen werde (seekrank werde)?

- Habe ich das Geld für den Sportbootführerschein (mindestens 150 bis 200 Euro)?

- Habe ich ausreichend Zeit für das Erlernen der Theorie und die praktischen Fahrstunden?

- Lässt sich die Anfahrt zur Schule und zum Prüfungstermin gut organisieren bzw. habe ich darüber nachgedacht, wie ich die Fahrten organisieren möchte?

- **Habe ich Überlegungen angestellt, welchen Sportbootführerschein ich (zuerst) erwerben möchte?**

- **Bin ich dazu bereit, mich an die örtlichen Regelungen und Sicherheitsvorschriften zu halten?**

- **Bin ich mir der Verantwortung und Risiken auf dem Wasser bewusst?**

- **Habe ich vor, ein eigenes Boot zu erwerben – und falls ja, habe ich mir bereits über Versicherungen Gedanken gemacht?**

- **Weiß ich, welcher Lerntyp ich bin und wie ich mich am besten auf die Prüfung vorbereite?**

- **Habe ich mich um einen Lernplan gekümmert und weiß, wie ich die nächsten Wochen oder Monate organisiere?**

Wenn Sie die Mehrheit dieser Fragen mit Ja beantworten können, sind Sie auf einem guten Weg. Sie müssen nicht jede Frage bejahen können, allerdings ist es gut, sich über die wichtigsten Inhalte Gedanken zu machen. So können nicht nur Formalia wie das Mindestalter, sondern auch Seekrankheit eine wichtige Rolle spielen. Zwar sind die meisten Menschen, die den Sportbootführerschein erwerben möchten, auf dem Wasser bereits erprobt, doch auch hier können die unterschiedlichen Gewässer und Fahrzeuge eine Rolle spielen. So werden einige Menschen beispielsweise auf kleinen wackeligen Booten schnell seekrank, auf größeren Fähren jedoch schon nicht mehr. Wiederum werden viele Menschen bei hohem Wellengang auf offener See schneller seekrank, während sie auf stillen Gewässern keine Probleme haben. Sind Sie beispielsweise bislang vorwiegend auf Seen unterwegs gewesen, möchten aber den Sportbootführerschein für offene Gewässer erwerben, ist es sinnvoll, sich über diese Details Gedanken zu machen.

gehen, nennt man auch das *Mittelwasser*, was den mittleren Stand zwischen Hochwasser und Niedrigwasser bezeichnet. Je nach Stand von Sonne und Mond gibt es noch weitere Bezeichnungen für bestimmte Arten des Hochwassers oder Niedrigwassers. Stehen Sonne und Mond von der Erde aus gesehen in einem Winkel von 90 Grad zueinander, erkennt man einen Halbmond. Ist dieser Stand erreicht, ist der Tidenhub des Meeres niedriger als normal. Das liegt daran, dass die Gravitationseinflüsse von Sonne und Mond entgegengesetzt wirken. Mehr zur Einwirkung der Gravitationskraft lesen Sie im nächsten Abschnitt. Für diese Konstellation gibt es allerdings einen besonderen Namen. Der Unterschied zwischen Hochwasser und Niedrigwasser wird zu diesem Zeitpunkt *Nipptidenhub* genannt. Diese Phase wird als *Nippzeit* bezeichnet. Das Hochwasser zu dieser Zeit wird *Nipphochwasser* genannt. Umgangssprachlich heißt es auch *niedriges Hochwasser*. Das Niedrigwasser zu dieser Zeit wird *Nippniedrigwasser* oder *hohes Niedrigwasser* genannt. Auch das umgekehrte Phänomen hat einen Namen. Sowohl bei Vollmond als auch bei Neumond ist der Tidenhub besonders groß. Und dann ist von einer *Springtide* die Rede. Während dieser Zeit nennt man die Gezeiten auch *Springhochwasser* und *Springniedrigwasser*.

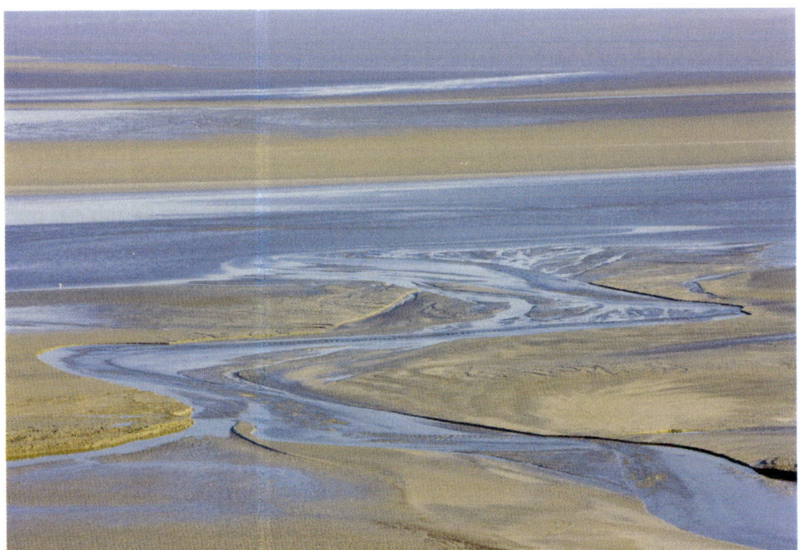

Gravitationskräfte von Mond und Sonne

Grund für diese Bewegung ist die Wirkung der Gravitationskräfte von Mond und Sonne auf der Erde. Die Kräfte sind abhängig von der Entfernung zwischen Mond und Erde. Gravitationskräfte sorgen dafür, dass sich das Wasser bewegt. Die Kraft der Gezeiten macht insgesamt weniger als ein Zehnmillionstel der Erdanziehung aus. Dennoch ist sie eine sichtbare periodische Störung des Gleichgewichtszustandes. Die dadurch entstehenden schwingenden Strömungen heben sich besonders an Küsten hervor. An Orten, an denen die Gezeiten besonders stark wirken, wird dadurch sogar ein Höhenunterschied von mehreren Metern erreicht.

Auf der dem Mond zugewandten Seite der Erde wirken generell größere Kräfte. Dort wird das Wasser stark in Richtung Mond gezogen. Es entsteht ein sogenannter Flutberg.

Definition: Flutberg

Durch die Gravitationskräfte des Mondes wird das Wasser zu einer Seite gezogen. Zur Veranschaulichung der Gezeiten findet man auf Bildern häufig einen sehr gut sichtbaren Wasserberg, der zum Mond hin gezogen wird. Auch auf der gegenüberliegenden Seite, die vom Mond abgewandt ist, bildet sich ein solcher Wasserberg. Würde es auf der Erde kein Festland geben und das Meer überall dieselbe Tiefe und Beschaffenheit vorweisen, würden sich solche Wasserberge tatsächlich auch bilden. Diese Wasserberge nennt man Flutberge. In der Realität sieht man keine Flutberge dieser Ausmaße. Allerdings sammelt sich das Wasser an einigen Stellen. Es kommt beispielsweise näher an die Küste heran oder wird von ihr weggezogen. So erkennt man Ebbe und Flut.

Einfach gesprochen entstehen die Gezeiten durch die Gravitationskraft des Mondes und der Sonne. Aber auch die Zentrifugalkräfte haben eine entscheidende Rolle. Dazu gehört die Umlaufbewegung von Erde und Mond. Auch die Umlaufbewegung des Systems von Erde und Mond um die Sonne spielt eine Rolle. Durch das Zusammenspiel all dieser Kräfte bewegen sich die Wassermassen auf der Erde. Die so ins Strömen gebrachten Wassermassen fließen auf der Erdhälfte, die dem Mond zugewandt ist, Richtung Mond. Auf der Erdhälfte, die vom Mond abgewandt ist, fließen sie sozusagen Richtung Gegenpunkt. Auf diesen beiden Seiten der Erde entstehen die sogenannten Flutberge, oder anders gesprochen: Es herrscht Hochwasser. Stellt man sich den Mond beispielsweise bildlich auf der linken Seite der Erde vor, dann würde dort ein Flutberg entstehen. Genau gegenüber, also auf der rechten Seite der Erde, würde ebenfalls ein Flutberg entstehen. Dazwischen besteht Niedrigwasser. Da die Erde rund ist und in der Realität keine geraden Seiten hat, entspricht dieses Bild nicht exakt der Realität, kann aber verdeutlichen, wie die Anziehungskräfte wirken.

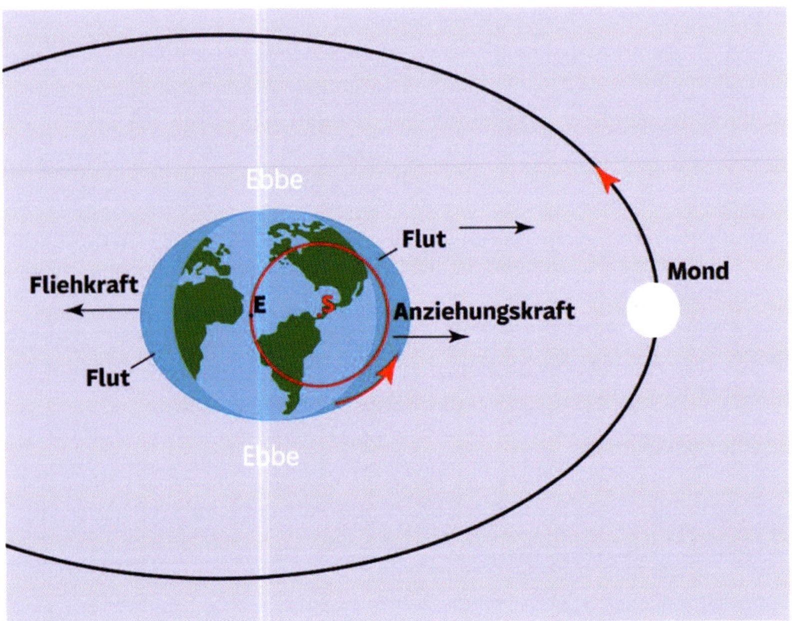

Außerdem hat auch das Meer in der Realität nicht an allen Stellen die gleiche Tiefe und Beschaffenheit und auch das Festland spielt eine Rolle bei der Entstehung von tatsächlichen Flutbergen. Da sowohl Erde als auch Mond in Bewegung sind, verändern sich die Orte von Flut und Ebbe. Hochwasser und Niedrigwasser folgen dabei dem Verlauf eines Mondtages. Ein Mondtag beträgt 24 Stunden und 50 Minuten. Er ist damit 50 Minuten länger als ein sogenannter Sonnentag, der exakt 24 Stunden beträgt. Das liegt daran, dass sich der Mond innerhalb eines Sonnentages um 13 Grad auf seiner monatlichen Umlaufbahn um die Erde bewegt. Währenddessen umläuft die Erde den Mond innerhalb der 24 Stunden und 50 Minuten. Diese Verschiebung von 50 Minuten sorgt dafür, dass Ebbe und Flut niemals am nächsten Tag zur gleichen Zeit erscheinen. Würde der Mond exakt 24 Stunden benötigen, würde er immer zur gleichen Zeit an der gleichen Stelle zur Erde stehen. Dann würden Flut und Ebbe an den gleichen Orten immer zur genau gleichen Zeit stattfinden. Tatsächlich sorgt die Verschiebung jedoch dafür, dass die Gezeiten jeden Tag ein wenig anders erscheinen.

Beispiel:
Sagen wir, der Mond stehe so, dass um Punkt 12 Uhr an der Nordseeküste der norddeutschen Stadt Bremerhaven Hochwasser herrscht. Bräuchte der Mond nun exakt 24 Stunden, um die Erde zu umkreisen, würde er auch am nächsten Tag um exakt 12 Uhr für Hochwasser sorgen. An der Bremerhavener Küste würde es also immer um Punkt 12 Uhr zu Hochwasser kommen. Da der Mond aber nun nicht exakt 24 Stunden benötigt, sondern etwa 50 Minuten länger, verschiebt sich die Hochwasserzeit immer ein wenig.

Gleichzeitig muss bedacht werden, dass auch die Sonne einen gewissen Einfluss auf die Gezeiten hat. Allerdings ist ihr Einfluss deutlich kleiner als der des Mondes. Die Konstellation von Sonne und Mond gemeinsam sorgt dafür, dass die Gezeiten immer ein wenig zeitversetzt auftreten. Außerdem entstehen so beispielsweise Nipptiden und Springtiden.

Gezeitenrechnung für die Seefahrt

Für die Seefahrt spielt die sogenannte Gezeitenrechnung eine große Rolle.

Mit der Gezeitenrechnung werden Vorhersagen über den zeitlichen Verlauf von Ebbe und Flut erstellt.

Diese sind besonders für die küstennahe Schifffahrt relevant. Vor allem dann, wenn die Schifffahrt bei zu geringer Wassertiefe Einschränkungen unterliegen würde, ist eine umfassende Berechnung der Gezeiten von Bedeutung. Die Strömung der Gezeiten kann außerdem die Schifffahrt beschleunigen oder verlangsamen. Wer in besonders kleinen Booten unterwegs ist, kann dies besonders stark erfahren.

Sind Sie beispielsweise schon einmal in Küstennähe Kajak gefahren? Wenn ja, dann werden Sie womöglich gemerkt haben, dass das Zurückfahren zur Küste besonders schwierig ist, wenn das Wasser abläuft. Dann wird es Richtung Meer angezogen. Diese Bewegung sorgt dafür, dass das Entgegen-Paddeln besonders anstrengend ist. Bewegt sich das Wasser hingegen in die andere Richtung, also Richtung Küstennähe, ist das Paddeln zur Küste sehr einfach. Diese Strömungen sind jedoch nicht nur für kleine Boote, sondern auch für größere Schiffe relevant. Besonders wichtig für die Vorhersagen ist der Zeitpunkt, an dem sich die Richtung ändert. Dies ist der sogenannte *Kenterpunkt*.

Für die Schifffahrt in Richtung Flussmündung ist außerdem die Kenntnis bei Flut stromaufwärts von besonderer Bedeutung. Dann werden besondere Strömungen besonders stark. In der Seefahrt werden häufig sogenannte Gezeitentafeln verwendet. Eine Gezeitentafel unterscheidet zwischen einem Bezugsort und einem Anschlussort. Mithilfe einer solchen Tafel können notwendige Werte der Gezeiten festgestellt werden.

Der Bezugsort auf der Tafel ist ein Ort für die genaue Berechnung von Hochwasser und Niedrigwasser. Hier werden die genauen Höhen und auch die Zeiten, in denen Hoch- und Niedrigwasser vorliegen, erfasst. Dabei werden alle rechnerisch und empirisch erfassbaren Daten berücksichtigt. Auf einer vollständigen Tafel können alle gezeigten Werte für jeden Tag des Jahres entnommen werden. Als Anschlussort wurde ein Ort bezeichnet, für den keine genauen Berechnungen vorgelegen haben.

Der Anschlussort ist dem Bezugsort ähnlich. Er liegt in geografischer Nähe. Da man für ihn keine exakten Daten hat, nimmt man an, dass der Gezeitenverlauf am Anschlussort dem seines zugehörigen Bezugsortes ähnlich ist. Die Gezeitentafeln des Bundesamtes für Seeschifffahrt und Hydrographie (BSH) sind in einer Sammlung zu finden, welche die Vorausberechnungen für bestimmte Orte in europäischen Gewässern enthält. Diese sind auf der Website zu finden.

Für Gebiete außerhalb dieser europäischen Gewässer muss eine Tabelle der britischen Admiralty Tide Tables, kurz ATT, genutzt werden.

Exkurs: Die Wirkung von Gezeiten in Flüssen: Die Gezeiten können unter Umständen auch Wirkung in Flüssen erreichen. Insbesondere an den Stellen, an denen eine Ausbaggerung von Fahrrinnen für den Schiffsverkehr vorgenommen wurde, können die Gezeiten einen hohen Einfluss erheben. Bei sehr starken Tidenströmen können beispielsweise starke Erosionen vorkommen.

Beispiel:
Die englische Themsemündung ist ein gutes Beispiel für dieses Phänomen. Die stärksten Auswirkungen (im Bezug auf Flüsse) haben die Gezeiten jedoch auf den Fluss Amazonas. Hier läuft die Flutwelle aufgrund der sehr breiten Mündung und dem sehr niedrigen Gefälle bis zu 800 Kilometer ins Inland. Dieses Phänomen wird Pororoca genannt, was so viel wie *Brüllen* oder *großer Lärm* bedeutet (abgeleitet von dem Lärm, den eine Welle verursachen kann). Besonders häufig sind diese weit reichenden Wellen im Februar und März zu sehen.

Gezeiten und Schifffahrt
Es lässt sich festhalten, dass die Gezeiten eine große Auswirkung auf die Schifffahrt haben. Aber nicht nur die Schifffahrt ist davon betroffen, im Grunde das gesamte Leben und natürlich auch der Tourismus an der Küste. Je nach Lage der Küste können die Gezeiten unterschiedlich stark oder schwach wirken. An der deutschen Nordsee sind sie beispielsweise besonders stark ausgeprägt. Hier wirken die Kräfte so stark, dass teilweise ganze Wattwanderungen zu kleinen Inseln möglich sind, solange Ebbe herrscht. Sobald die Flut jedoch zurück ist, kann die Wanderung Richtung Land nicht mehr erfolgen. Wattwanderer verweilen dann einige Stunden auf der Insel, bis sie wieder zurücklaufen können, oder nehmen ein Boot zurück zum Festland.

Die wichtigsten Begriffe der Gezeiten auf einen Blick:

Begriff	**Bedeutung**
Flut	Ansteigendes Wasser
Ebbe	Abflachendes Wasser
Hochwasser	Zeitpunkt des höchsten Wasserstandes
Niedrigwasser	Zeitpunkt des niedrigsten Wasserstandes
Kentern der Tide	Wechsel zwischen Flut und Ebbe oder umgekehrt
Kenterpunkt	Zeitpunkt des Wechsels zwischen Flut und Ebbe oder umgekehrt (Zeitpunkt des Kenterns)
Stauwasser	Stillstand vor dem Wechsel der Gezeiten
Tidenhub	Höhenunterschied zwischen Hochwasser und Niedrigwasser
Tidenfall	Sinkendes Wasser
Tidenanstieg	Ansteigendes Wasser
Nipptide	Tidenhub zur Nippzeit (Halbmond, niedriger als normal)
Nipphochwasser	Hochwasser zum Zeitpunkt der Nippzeit
Nippniedrigwasser	Niedrigwasser zum Zeitpunkt der Nippzeit
Springtide	Tidenhub zur Springzeit (Vollmond oder Neumond, höher als normal)
Springhochwasser	Hochwasser zum Zeitpunkt der Springzeit
Springniedrigwasser	Niedrigwasser zum Zeitpunkt der Springzeit

Koordinaten

Um die Lage eines Punktes auf der Erde nach geographischer Breite und geographischer Länge zu bestimmen, wurde das System der geographischen Koordinaten entwickelt.

Geographische Koordinaten sind sogenannte Kugelkoordinaten. Kugelkoordinaten werden auch räumliche Polarkoordinaten genannt.

Zu ihrer Bestimmung wird grundsätzlich ein Punkt in einem dreidimensionalen Raum durch seinen Abstand vom Ursprung sowie zwei Winkel angegeben. Um Punkte auf der Erde eindeutig zu bestimmen, wurde ein sogenanntes Gradnetz erstellt.

Ein Gradnetz ist generell ein Referenzsystem, das der eindeutigen Festlegung von Punkten auf einer rotierenden Fläche dient.

Das Gradnetz der Erde besteht aus sogenannten Breitenkreisen und Längenkreisen. Die Breitenkreise sind Kreise, die parallel zur Äquatorebene der Kugel verlaufen. Der Äquator ist der größte Kreis, auf dessen Ebene die Erdachse senkrecht steht. Er ist sozusagen der größte der Breitenkreise beziehungsweise ein Großkreis. Alle anderen Breitenkreise liegen parallel zum Äquator Richtung Norden und Süden. Je näher sie Richtung Norden oder Süden kommen, desto kleiner werden die Breitenkreise. Sie werden dann auch als Kleinkreise der Kugel bezeichnet. Längenkreise wiederum verlaufen von Pol zu Pol. Sie stehen senkrecht zu den Breitenkreisen. Alle Längenkreise sind Großkreise. Längen- und Breitenkreise der Erde schneiden sich rechtwinklig. Die Breitengrade werden vom Äquator aus gezählt, deren Pole befinden sich in 90° Nord und Süd. Die Längengrade werden von einem willkürlichen Nullmeridian nach Osten und Westen gezählt.

Das Gradnetz der Erde ist ein gedachtes Koordinatensystem – es existiert als solches natürlich nicht wirklich, soll aber dabei helfen, Positionen auf der Erdoberfläche zu bestimmen. Die Form der Erde – das Ellipsoid – sorgt dafür, dass es zu einer Verschiebung von bis zu 20 Kilometern kommt.

Auch auf See werden Koordinaten genutzt, um die Lage eines Punktes zu bestimmen. Daher muss auch für den Sportbootführerschein ein gewisses Grundwissen über Koordinaten vorhanden sein. Nur wenn Sie über ein gewisses Grundwissen verfügen, können Sie auch auf offenem Wasser Ihren Aufenthaltsort bestimmen. Das Bestimmen dieser Punkte ist auch für das Navigieren zu bestimmten Orten hin notwendig. Wichtig ist bei der Bestimmung von Breitenkreisen und Längenkreisen außerdem, dass die Erde keine wohlgeformte Kugel ist. Sie ist an beiden Polen abgeflacht und ist das, was man einen Ellipsoid nennt. Wäre sie jedoch eine perfekte Kugel, wäre der Äquator die Schnittlinie der perfekten Mitte. Von diesem Mittelpunkt aus werden in beide Richtungen jeweils 90 Linien zum Erdrand hin gezogen. Alle diese Linien werden in gleichen Abständen gesetzt. Daher werden die Werte der Breitenkreise von 0 bis 90 Grad Nord oder Süd bezeichnet. Jeder Abstand von einem Breitengrad zum nächsten ist außerdem in 60 kleinere Abschnitte unterteilt. Diese Abschnitte werden Minuten genannt. Eine Minute entspricht ganz genau einer Seemeile. Zu den Seemeilen lesen Sie in einem der folgenden Abschnitte mehr.

Beispiel:
Die geografische Lage von Palma de Mallorca befindet sich auf dem 39. Breitengrad (39°) nördlich. Der Längengrad ist der zweite Grad östlich (2°). Die vollständigen Koordinaten von der Inselhauptstadt lauten:

39° 34′ N, 2° 39′ O

Hier sind die Daten inklusive der sogenannten Minuten angegeben. Schauen Sie in einem Atlas nach, ob Sie das Prinzip verstehen! Mehr zu den Koordinaten und dazu, wie sie gelesen und geschrieben werden, lesen Sie im Folgenden!

Über den Mittelpunkt der Längengrade wurde lange Zeit gestritten. Letztlich setzte sich jedoch auf internationaler Ebene das britische Imperium durch, sodass eine Konferenz von damals 25 beteiligten Seefahrernationen beschloss, dass die Nulllinie der Längengrade durch den englischen Ort Greenwich verlaufen soll. Von dieser Nulllinie aus werden jeweils 180 Längengrade Richtung Ost und Richtung Westen gesetzt. Alle diese Kreise in der Längsrichtung der Erdkugel haben den gleichen Abstand zum Mittelpunkt der Erde. Dadurch haben sie auch alle den gleichen Durchmesser. Längengrade sind weiter in 60 Abschnitte, sogenannte Minuten, unterteilt. Sowohl auf den Breitengraden als auch auf den Längengraden werden die Minuten jeweils in Sekunden unterteilt. In der Praxis werden allerdings nicht mehr einzelne Sekunden genannt. Vielmehr wird der 10. Teil einer Minute in der Ortsangabe verwendet. Das heißt: Anstatt eine Minute und 30 Sekunden zu sagen, wird also 1,5 Minuten gesagt.

Um einen genauen Punkt auf der Erde zu bestimmen, wird sowohl die Breitenkoordinate als auch die Längenkoordinate bestimmt. Der Schnittpunkt beider Koordinaten ist dann der genaue Ortspunkt. Auf einer Seekarte werden Koordinaten häufig mit der sogenannten Zirkel-Navigation bestimmt. Dabei wird ein Zirkel zunächst eingestochen und dann bis zum nächsten Längengrad aufgespannt. Der aufgespannte Zirkel wird dann am oberen Kartenrand verglichen, um die genaue Position abzuleiten. Der gleiche Vorgang wird mit dem Aufspann bis zum nächsten Breitengrad wiederholt. Der Breitengrad wird am linken Kartenrand abgelesen. Für das detaillierte Koordinieren auf einer Seekarte werden Sie mit einen Zirkel, einem sogenannten Kursdreieck (ein Dreieck mit eingezeichneter Gradeinteilung) und einem sogenannten Anlagedreieck (ein Hilfsdreieck ohne Gradeinteilung) arbeiten.

Hier sind Beispiele für das Lesen von Koordinaten:

Beispiele:
54° 42,5‘ N = gelesen 54 Grad 42,5 Minuten Nord
61° 03‘ N = gelesen 61° 03 Minuten Nord
24° 57,2‘ S = gelesen 24 Grad 57,2 Minuten Süd

008° 12,4‘ E = gelesen 8 Grad 12,4 Minuten Ost (die östlichen Längengrade werden mit E abgekürzt; E steht für den englischen Begriff East = Osten)
010° 42,5‘ W = gelesen 10 Grad 42,5 Minuten West

Hinweis:
In der Prüfung müssen Sie die Längengrade immer dreistellig schreiben, also 010 statt 10!

Beispielaufgabe:
Schreiben Sie die vollständigen Koordinaten auf, beginnen Sie stets mit der Breite.

Beispiellösung:
15° 12,3‘ N, 012° 8‘ E = gelesen 15 Grad 12,3 Minuten Nord, 12 Grad 8 Minuten Ost

Kompass & Navigation

Auf See müssen nicht nur bestimmte Punkte und Standorte erkannt werden. Auch um den richtigen Kurs zu erreichen, muss man navigieren können. Auch dafür sind die Koordinaten wichtig. Navigiert wird am einfachsten mithilfe eines Kompasses.

Der Kompass ist ein Instrument, das der Anzeige der Richtung des Erdmagnetfeldes dient. Daraus lassen sich die Richtung von Nordpol und Südpol der Erde ableiten, was wiederum dazu führt, die Himmelsrichtung bestimmen zu können. Der Begriff Kompass leitet sich von dem italienischen Wort *Compasso* ab. Dies bedeutet so viel wie Zirkel oder Magnetnadel.

Ein Kompass kann viele verschiedene Formen und Variationen haben. Die einfachste Form ist ein sogenannter Magnet-Kompass. Er besteht aus einer frei beweglichen Nadel, die aus einem magnetischen Material hergestellt wurde. Die Kraft des Erdmagnetfelds sorgt dafür, dass sich die Nadel bewegt. Der obere Teil der Nadel sozusagen im Norden dreht sich dabei stets zum geografischen Norden der Erde. Dieser liegt beim Nordpol beziehungsweise in der Arktis. Die Nadel eines Magnetkompasses zeigt also aufgrund der Erdmagnetfeldkraft zum geografischen Norden der Erde.

Neben dieser einfachen Variante gibt es zahlreiche andere Ausführungen. Einige modernere Kompasse sind elektronische Kompasse. Sie basieren auf unterschiedlichen Sensoren. Sogenannte Kreiselkompasse kommen sogar ganz ohne Ausnutzung des Erdmagnetfeldes aus. Ihre Wirkungsweise beruht allein auf der Erdrotation. Einfache Magnetkompasse sind jedoch immer noch die beliebtesten Hilfsmittel der Seefahrt. Sie können sowohl an Land als auch auf See genutzt werden. Auf einem Kompass sind in der Regel die vier Himmelsrichtungen in Abkürzung eines einzelnen Buchstabens angegeben. Außerdem ist eine Winkelskala angegeben, mit der Richtungen geordnet werden können.

Definition: Winkelskala

Eine Skala ist eine bezifferte Maßeinheit an Geräten. Die Winkelskala wird genutzt, um Winkel abzulesen. Sie kennen dies sicherlich von einem Geodreieck aus der Schule. Als Winkel werden Teilebenen oder Teilflächen bezeichnet, die von zwei aneinander liegenden Geraden begrenzt werden. Auch diese sind Ihnen wahrscheinlich noch aus dem Schulunterricht vertraut. Mit einer Winkelskala können Sie Winkel leicht ablesen, indem Sie die Skala an die entsprechende Ebene legen. An den Rändern lesen Sie dann einfach ab, wie groß der jeweilige Winkel ist.

Wissenswert: Bei der Bezeichnung der Pole mit dem Kompass kann es schnell zu Verwirrungen kommen. Das liegt daran, dass der magnetische Nordpol nicht dem geografischen Nordpol der Erde entspricht. Vielmehr ist der magnetische Norden der geografische Süden und umgekehrt. Um dies zu verstehen, muss man einen Blick in die Geschichte werfen. Als man die magnetische Eigenschaft der Kompassnadel entdeckte, war man sich der Gründe dieses Effektes noch nicht bewusst. Man erkannte zunächst nur, dass das eine Ende der Nadel Richtung Norden zeigte. Naheliegenderweise nannte man dieses Ende der Nadel den Nordpol der Nadel. Als man viel später den Grund des Effektes erkannte, erkannte man, dass sich immer gegensätzliche Pole ansehen. Der Norden der magnetischen Nadel wird also von einem magnetisch-südlichen Pol angezogen. Als das jedoch klar war, hatte man die Polarität der geografischen Orte bereits definiert. Im Klartext: Der Pol, der die Nadel anzog, war bereits als Nordpol definiert. Der Pol, der geographisch gegenüber lag, war bereits als Südpol definiert. Korrekterweise müsste man allerdings den Nordpol als magnetischen Südpol bezeichnen. Wird beim Navigieren also vom magnetischen Südpol gesprochen, ist damit der geografische Norden gemeint. Umgekehrt ist der geografische Süden gemeint, wenn vom magnetischen Nordpol gesprochen wird.

Das Navigieren mit Hilfe eines Kompasses lernen Sie in der Praxis in Ihren Fahrstunden. Dabei kann die vorherige theoretische Auseinandersetzung mit Koordinaten, Winkeln und dem Kompass als solchem sehr hilfreich sein. In der praktischen Prüfung kann der Prüfer von Ihnen verlangen, dass Sie anhand des Kompasses die Gradzahl ablesen und in eine bestimmte Richtung fahren. Er wird Ihnen womöglich das Kommando geben, ein Manöver in eine Richtung der entsprechenden Winkelgrade zu vollziehen. Entsprechend sollten Sie verstehen, wie der Kompass funktioniert und in welche Richtung Sie das Boot lenken müssen. Mehr zu den praktischen Aspekten erfahren Sie jedoch später. An dieser Stelle nur ein Hinweis, damit Sie erkennen, dass Theorie und Praxis stets miteinander verankert sind. Sie benötigen die Theorie nicht nur für die theoretische Prüfung, sondern definitiv auch für die praktische und für das spätere Fahren des Bootes.

Seemeilen

Die Seemeile ist eine Längeneinheit, die in der Schifffahrt und Luftfahrt verwendet wird. Sie wird auch als nautische Meile bezeichnet. Eine Seemeile entspricht 1852 Meter.

Ursprünglich sollte das Maß einer Seemeile die Bogenlänge einer Winkelminute auf einem Großkreis entsprechen. Damit würde eine Seemeile etwa einem Sechzigstel Längengrad am Äquator bzw. Breitengrad entsprechen. Diese Entfernung beträgt in etwa 1852 Meter, allerdings nicht ganz genau. Im Jahr 1992 wurde allerdings international festgelegt, dass eine nautische Meile exakt 1852 Meter betragen soll.

Erstmals wurden Seemeilen im 16. Jahrhundert verwendet. Dort begannen Seeleute, Entfernungen auf See zu messen. Bis zu diesem Zeitpunkt kalkulierte ein Seefahrer die Entfernung von einem Punkt zum anderen Übersee hauptsächlich auf Grundlage der Zeit, die es dauerte, von A nach B zu gelangen. Mit Einführung der Seemeilen wurde die Berechnung der Entfernung jedoch um einiges einfacher. Noch heute werden sie viel genutzt, um Entfernungen auf See genau zu messen. Auch wenn der Begriff Meile trügerisch sein kann, sollte man sich merken, dass eine Seemeile keineswegs einer Landmeile entspricht. Landmeilen sind eine Maßeinheit, die in den USA gerne verwendet wird.

Eine Landmeile entspricht 1609 Metern. Seemeilen hingegen werden heute verwendet, um beispielsweise die Entfernung zwischen zwei Häfen oder die Dauer einer Reise herauszufinden. Auch vom Wetterdienst werden Seemeilen teilweise verwendet, um beispielsweise die Entfernung von Unwetterfronten auf See zu messen. Um Geschwindigkeiten auf See zu berechnen, könnte man von Seemeilen pro Stunde ausgehen. Der Fachbegriff dafür lautet Knoten.

Ein Knoten ist eine Seemeile pro Stunde. Oder anders gesprochen: Ein Knoten sind 1852 Meter pro Stunde. Das sind 1,852 Kilometer pro Stunde.

Auch wenn Seemeilen als Maßeinheit nicht so bekannt sind wie Kilometer oder Landmeilen, sind Sie für die Schifffahrt und Wetterdienste unverzichtbar.

Wetter

Das Wetter spielt eine wichtige Rolle beim Bootfahren. Die unterschiedlichen Bedingungen können die Schifffahrt stark beeinflussen. Außerdem spürt man die Konsequenzen verschiedener Wetterbedingungen sehr viel stärker auf See als auf Land. Das gilt insbesondere für Wind, Nässe und Kälte. Wer einen Bootführerschein erwerben möchte, sollte sich also genau mit dem Wetter befassen. Dazu gehört mehr, als einen Blick in den einfachen Wetterbericht zu werfen. Natürlich sollte die Wettervorhersage immer eine Rolle dabei spielen, ob man hinausfährt oder nicht. Es ist jedoch wichtig, dabei stets auf das maritime Wetter zu achten. Die staatlichen Wetterseiten der verschiedenen Länder haben in der Regel immer einen einzelnen Bereich für maritime Witterungsbedingungen. Hierzulande gibt der Deutsche Wetterdienst auch immer einen Küstenseewetterbericht heraus. Auf der Website des Deutschen Wetterdienstes finden Sie außerdem auch immer das aktuelle Seewetter. Dieses Wetter gilt für die Nordsee und Ostsee. Auch Teile des Mittelmeers und des Ost-Atlantiks werden erfasst. Unter den entsprechenden Reitern für die entsprechenden Bereiche finden Sie auf der Website auch Vorhersagen für die nächsten Tage, Stationsmeldungen und Wassertemperaturen. Auch die Wind- und Seegangs-Prognosen sind dort erhältlich. Es ist stets wichtig, sich mit den besonderen Bedingungen auf See vertraut zu machen, insbesondere wenn Sie auf offenem Wasser unterwegs sind.

Website des Deutschen Wetterdienstes:

Website des Deutschen Wetterdienstes, Windmeldungen:

Website des Deutschen Wetterdienstes, Küstenwetterreport:

Der Wind

Bei Wetter spielt vor allem der Wind eine große Rolle. Die Stärke des Windes wird mit der sogenannten Beaufort-Skala gemessen.

Ein Beaufort-Grad entspricht einer Windstärke. Abgekürzt wird entweder mit Bft oder einfach mit der entsprechenden Nummer (beispielsweise Windstärke 4). Die Windstärken reichen von Stärke 0 bis Stärke 12. Stärke 0 ist Windstille. Stärke 12 ist die Stärke eines Orkans. Bei Windstärke 0 beträgt die Geschwindigkeit des Windes weniger als einen Kilometer pro Stunde. Bei dieser Stärke würde man Rauch senkrecht gerade aufsteigen sehen, ohne dabei zu verwehen. Als Windstärke 4 wird beispielsweise eine mäßige Brise oder ein mäßiger Wind von etwa 20 bis 28 Stundenkilometern beschrieben. Dabei ist zu beachten, dass für die Wettervorhersagen eine Brise etwas anderes sein könnte als das, was man im allgemeinen Sprachgebrauch darunter versteht. Bei Windstärke 4, also einer mäßigen Brise, bewegt der Wind beispielsweise Zweige sowie dünne Äste und hebt Staub sowie loses Papier empor. Ab einer Windstärke von 9 spricht man vom Sturm. Mehr zum Thema Sturm lesen Sie in einem der nächsten Abschnitte.

Bevor Sie mit dem Bootführerschein beginnen, sollten Sie sich ausführlich mit den Windstärken befassen. Aber auch die anderen Witterungsbedingungen sollten nicht außer Acht gelassen werden. Es ist gut, wenn Sie sich mit Wetterkarten vertraut machen. Achten Sie auf jeden Fall auch stets darauf, ob Unwetterwarnungen oder Sturmflutwarnungen herrschen. Auch an ruhigen Sommertagen sollten Sie nicht rausfahren, wenn es beispielsweise Gewitterwarnungen gibt.

Beaufort	**Bezeichnung**	**Mittlere Windgeschwindigkeit** (10 Meter Höhe über freiem Gelände) **in km/h**	**Auswirkung auf Binnenland**	**Auswirkung auf See**
0	Windstille	< 1	Rauch steigt senkrecht in die Höhe	Spiegelglatte See
1	Leiser Zug	1–5	Rauch zeigt Windrichtung an	Kleine, schuppenförmig aussehende Kräuselwellen ohne Schaumkämme
2	Leichte Brise	6–11	Wind im Gesicht spürbar, Blätter und	Kleine Wellen, kurz, aber ausgeprägter; glasige

			Windfahnen in Bewegung	Kämme, die nicht brechen
3	Schwache Brise, schwacher Wind	12–19	Dünne Zweige durch Wind in Bewegung, Wimpel durch Wind gestreckt	Kämme beginnen, zu brechen; der Schaum ist glasig; vereinzelt können kleine weiße Schaumköpfe auftreten
4	Mäßige Brise, mäßiger Wind	20–28	Wind bewegt Zweige, dünne Äste, Staub und Papier	Die Wellen sind zwar noch klein, werden aber länger; weiße Schaumköpfe treten schon ziemlich verbreitet auf
5	Frische Brise, frischer Wind	29–38	Kleine Laubbäume beginnen, zu schwanken; Schaumkronen bilden sich auf Seen	Mäßige Wellen, die eine ausgeprägte lange Form annehmen; weiße Schaumkämme bilden sich in großer Zahl; vereinzelt kann schon etwas Gischt vorkommen
6	Starker Wind	39–49	Starke Äste schwanken, Regenschirme sind nur schwer zu halten	Bildung großer Wellen; ausgedehnte weiße Schaumkämme treten auf, häufig mit Gischt
7	Steifer Wind	50–61	Bäume in Bewegung, Gehen gegen den Wind trifft auf fühlbaren Widerstand	Die See türmt sich; der beim Brechen der Wellen entstehende weiße Schaum beginnt, sich in Streifen in Windrichtung zu legen
8	Stürmischer Wind	62–74	Zweige brechen, Gehen im Wind ist	Mäßig hohe Wellenberge von beträchtlicher Länge: die Kanten der

			spürbar schwierig	Kämme beginnen, zu Gischt zu verwehen
9	Sturm	75–88	Äste brechen, an Häusern kommen kleinere Schäden vor	Hohe Wellenberge, dichte Schaumstreifen; die Gischt kann die Sicht beeinträchtigen
10	Schwerer Sturm	89–102	Bäume brechen, große Schäden an Häusern kommen vor	Sehr hohe Wellenberge mit langen überbrechenden Kämmen; Meeresoberfläche sieht durch Schaumflächen im Wind ganz weiß aus; das sogenannte „Rollen“ der See wird schwer und stoßartig; die Sicht ist beeinträchtigt
11	Orkanartiger Sturm	103–117	Bäume werden durch Wind entwurzelt, Sturmschäden sind verbreitet	Außergewöhnlich hohe Wellenberge; kleine und mittelgroße Schiffe zeitweise hinter Wellenbergen verdeckt; Kanten der Wellenkämme werden überall zu Gischt verweht; die Sicht ist nur schwer möglich
12	Orkan	Ab 118	Schwere Verwüstungen	Die Luft ist mit Schaum und Gischt angefüllt; die See ist vollständig weiß von treibender Gischt; klare Sicht kaum möglich

Luftdruck und Luftfeuchtigkeit

Neben dem Wind spielt auch der Luftdruck eine besondere Rolle.

Als Luftdruck wird das Gewicht der Luft, welches auf der Erdoberfläche erzeugt wird, bezeichnet. Man spricht häufig auch vom atmosphärischen Luftdruck. Einfach gesprochen lässt sich sagen, dass, je mehr Luft auf eine Fläche drückt, ein umso höherer atmosphärischer Luftdruck entsteht.

Der Luftdruck ist außerdem höhenabhängig. In höheren Orten ist er deutlich geringer als in niedrig gelegenen Orten. Außerdem hängen Temperaturen und Luftdruck miteinander zusammen. Ist der Luftdruck hoch, darf mit hohen Temperaturen gerechnet werden. Ist der Luftdruck hingegen niedrig, ist mit kälteren Luftmassen zu rechnen. Für das Führen eines Bootes ist weniger der Wert, sondern vielmehr das Ausmaß der Veränderung maßgebend. Steigt der Luftdruck langsam, aber stetig, darf man von einem ausgedehnten Hoch ausgehen. Sehr plötzlich steigender Luftdruck wiederum bringt meistens kurzfristige Wetterverbesserungen mit sich. Allerdings darf man von keinen ausgedehnten Hochs ausgehen. Ein rascher Abfall des Luftdrucks ist in der Regel mit einem Tief mit Wind und Regen in Verbindung zu bringen. Fällt der Luftdruck sogar sehr stark, ist mit einem Sturm zu rechnen.

Exkurs: Hoch- und Tiefdruckgebiete

Temperatur und Druck in der Atmosphäre variieren ständig. Dadurch sind auch die Luftmassen der Atmosphäre immer in Bewegung. Auch wenn es auf den ersten Blick so wirken kann, Luftmassen sind nicht schwerelos. Erwärmt sich die Luft an unterschiedlichen Orten auf der Erde in größeren Gebieten, entstehen Regionen mit unterschiedlichem Luftdruck. Der Luftdruck ist dann regionsweise entweder erhöht oder besonders niedrig. Da Luftmassen entsprechend ihrer Dichte aufsteigen oder absinken, entstehen sogenannte Hochdruckgebiete und Tiefdruckgebiete. Dichtere Luft sinkt zum Boden hin. Das Sinken der Luftmassen aus höheren Schichten Richtung Boden sorgt für einen hohen Luftdruck und eine Erwärmung. In der Regel lösen sich Wolken auf und es ist ein blauer Himmel zu sehen. Dieses Phänomen wird als Hochdruckgebiet bezeichnet. Kurz spricht man im allgemeinen Sprachgebrauch einfach von einem Hoch. Auf Wetterkarten wird dieses Phänomen meistens mit einem großen „H“ abgekürzt.

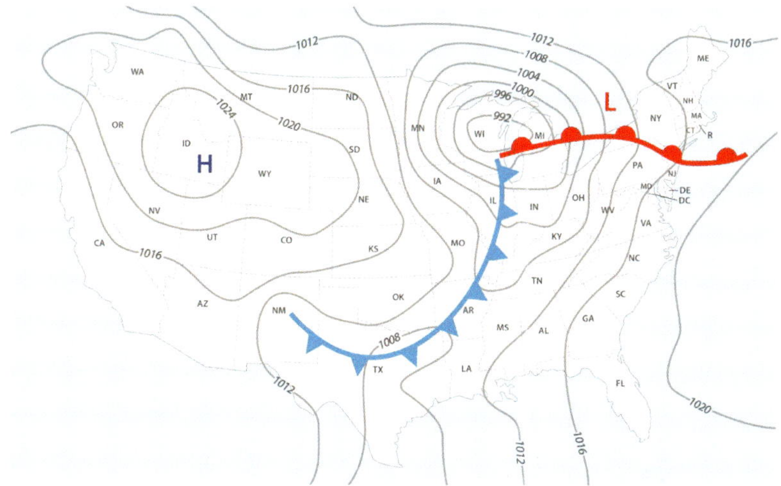

In der Regel bestehen Hochdruckgebiete aus warmer Luft, sie sind oft langlebig und können sehr ausgedehnt sein. Allerdings unterscheidet man verschiedene Arten von Hochs. Grundsätzlich gibt es vier verschiedene Hochs:

- das dynamische Hoch
- das Kältehoch
- das Höhenhoch
- das Zwischenhoch

Bei einem dynamischen Hoch wird Luft in sehr großer Höhe zusammengepresst und sinkt. Das dynamische Hoch entsteht vor allem durch unterschiedliche Bewegungen der Luftmassen. Beispielsweise werden diese durch Winde erzeugt. Auch die Corioliskraft der Erde hat eine entscheidende Rolle. Allerdings würde es den Rahmen dieses Buches sprengen, an dieser Stelle genauer auf die physikalischen Hintergründe einzugehen. An dieser Stelle daher nur ein kurzer Hinweis dahingehend. Stauen sich die Luftmassen also in großer Höhe und sinken, steigt in den unteren Atmosphärenschichten der Luftdruck stark. Dynamische Hochs reichen bis in höhere Atmosphärenschichten und können den Wetterverlauf über einen langen Zeitraum und für große Flächen beeinflussen.

Kältehochs entstehen, wie ihr Name bereits verrät, wenn sich die Luft abkühlt. Das geschieht vor allem im Winter über sehr kalten Landmassen. So sind Kältehochs vor allem in den skandinavischen Ländern, Russland oder Kanada zu erwarten. Diese Hochs erreichen in der Regel nur sehr wenige Atmosphärenschichten und sind nicht sehr weit ausgedehnt. Dafür können sie jedoch sehr beständig sein.

Ein Höhenhoch ist ein Hochdruckgebiet, welches in großer Höhe entstanden ist. Es erreicht sehr hohe Atmosphärenschichten und wird daher auf Höhen-Wetterkarten dargestellt. Ein Höhenhoch steht auch immer im Zusammenhang mit einem Bodentief. Das liegt daran, dass sich die Luft in Bodennähe erwärmt hat und daher nach oben aufgestiegen ist. Dadurch wiederum sinkt der Luftdruck in den Bodenschichten. Durch die gesammelte Luft in der Höhe wiederum steigt der Luftdruck sehr weit in den oberen Atmosphärenschichten.

Ein Zwischenhoch letztlich entsteht, wenn sich das Wetter vorübergehend beruhigt und der Luftdruck steigt. Es ist wenig beständig und oft nur in eine Kette aufeinanderfolgender Tiefdruckgebiete eingebunden. Umgangssprachlich spricht man häufig auch von einer kurzen Schönwetterphase. Diese hält in der Regel kaum länger als einen Tag an. Da Zwischenhochs in Tiefdruckgebiete eingebettet sind, folgt das nächste Tief in der Regel sehr zeitnah. Dies lässt sich häufig schon früh daran erkennen, dass das Wetter schnell bewölkt wird und ein stärkerer Wind aufkommt.

Ein Tiefdruckgebiet wiederum ist das umgekehrte Phänomen zum Hochdruckgebiet. Ein Tiefdruckgebiet wird im allgemeinen Sprachgebrauch auch als „Tief" bezeichnet und mit einem großen „T" abgekürzt. Während ein Hoch entsteht, da die Luft abfällt, entsteht ein Tiefdruckgebiet, da die Luft aufsteigt. Sie kühlt sich ab und Wolken entstehen. Auch zwischen den Tiefdruckgebieten muss man mehrere Unterscheidungen vornehmen. Genauso wie es ein dynamisches Hoch gibt, gibt es auch ein dynamisches Tief. Ein dynamisches Tief entsteht häufig als Folge eines dynamischen Hochs. Ist die Luft gesunken, muss der Massenverlust in der Höhe ausgeglichen werden. So wird von unten Luft angesaugt.

Die Luft steigt also nach oben und ein Tiefdruckgebiet entsteht. Daneben gibt es auch das sogenannte thermische Tief, auch Hitzetief genannt. Dieses entsteht, wenn Luft in Bodennähe stark erwärmt wird. Luft, die sich erwärmt, steigt in die Höhe. Dadurch sinkt der Luftdruck in Bodennähe. In der Höhe wiederum nimmt der Luftdruck zu. Solche Hitzetiefs bilden sich über sehr heißen Festlandgebieten. So sind sie beispielsweise in Wüstengebieten wie der Sahara oder auch im Norden Indiens zu finden. In Mitteleuropa sind Hitzetiefs nur sehr selten, da es in der Regel nicht heiß genug wird. Hitzetiefs sind sozusagen das Pendant zum Kältehoch. Daneben ist auch das Höhentief relevant. Dieses entsteht, wenn sehr kalte Luft aus oberen Atmosphärenschichten aufgrund einer sehr großen Dichte absinkt. Der Luftdruck am Boden steigt dadurch leicht an. Solche Tiefs sind jedoch in der Regel in einer Höhe von fünf bis sieben Kilometern anzutreffen. Daher sind sie auf einfachen Wetterkarten, die vor allem das Bodenwetter zeigen, kaum sichtbar.

Natürlich könnte man in das Thema von Hochdruck- und Tiefdruckgebieten noch sehr viel intensiver einsteigen. Allerdings würde dies den Rahmen des Buches vollständig sprengen. Für den Bootführerschein ist vor allem wichtig, dass Sie grundlegende Kenntnisse über das Wetter beherrschen. Wenn Sie ungefähr wissen, mit welchem Wetter Sie bei einem hoch und bei einem Tief rechnen müssen und wie die verschiedenen Dynamiken zustande kommen, ist es bereits ausreichend.

Auch die Luftfeuchtigkeit spielt für das Führen eines Bootes eine Rolle. Sie wird mit einem sogenannten Hygrometer gemessen.

Dabei handelt es sich um die sogenannte relative Luftfeuchtigkeit. Damit ist das Verhältnis des Wassergehalts der Luft in Bezug auf die Höchstmenge, die Luft aufnehmen kann, gemeint.

Luft beinhaltet einen Anteil gasförmigen Wasserdampf. Dieser Gewichtsanteil wird als Luftfeuchtigkeit bezeichnet. Umgangssprachlich spricht man häufig auch von Luftfeuchte. Bezeichnend ist dabei, dass es sich nur um den gasförmigen Wasseranteil handelt. Wasser, das in flüssigem Zustand in der Luft schwebt, wird nicht mitgerechnet. Dazu zählen beispielsweise Regentropfen oder auch Nebeltropfen. Auch Eis, beispielsweise Schneekristalle, werden nicht einbezogen. Die Luftfeuchtigkeit hat nicht nur in der Meteorologie eine wichtige Bedeutung. Sie spielt auch in der Biologie bei der Beobachtung von Lebensvorgängen anderer Lebewesen eine Rolle. Auch im Bereich der Medizin und Gesundheit ist Luftfeuchtigkeit eine wichtige Kenngröße. Das gesamte Luftvolumen kann abhängig von Druck und Temperatur nur eine gewisse Höchstmenge an Wasserdampf enthalten. Um das Gewichtsverhältnis des tatsächlich vorhandenen Wasserdampfgehaltes zu dem Wasserdampfgehalt, der maximal möglich ist, anzugeben, wird die relative Luftfeuchtigkeit in Prozent ausgedrückt.

Oder einfach ausgedrückt, die relative Luftfeuchtigkeit ist das Verhältnis zwischen dem tatsächlich in der Luft enthaltenen Feuchtigkeitsgehalt und dem, der maximal möglich ist. Ist diese Höchstmenge erreicht, spricht man von einer relativen Luftfeuchtigkeit von 100 %. Ab einer Luftfeuchtigkeit von 100 % entstehen Nebel und Tau. Das Wasser wird dann wieder in Tröpfchenform abgegeben. Ist es in einem Haus beispielsweise zu feucht, sieht man dieses Tauwasser auf Wänden und Fensterscheiben. Bei einem sehr hohen Luftfeuchtigkeitsgehalt lässt sich die Feuchtigkeit auch draußen wahrnehmen. So sieht man beispielsweise Tau auf den Blättern von Pflanzen. Die Temperatur, bei der es zur Bildung des Kondenswassers kommt, wird daher auch als Taupunkt bezeichnet. Die Luftfeuchtigkeit kann in Räumen mit einem Hygrometer mit Temperaturanzeige gemessen werden. Innerhalb der eigenen Räume sollte es allerdings nicht in der Nähe der Fenster oder Heizkörper angebracht werden. Dort können die besonderen Umstände die Messungen verfälschen. Eine hohe Luftfeuchtigkeit lässt sich in der Regel aber auch spüren. Ist die Luft sehr feucht und zusätzlich warm, schwitzt man schneller. Wir bezeichnen dieses Wetter auch als schwül. In der Regel können die meisten

Menschen trockene Hitze besser verkraften als schwüle. Viele Menschen reagieren bei einer hohen Luftfeuchtigkeit auch mit leichten körperlichen Beschwerden. Starkes unangenehmes Schwitzen und Schwere im Atem sind bekannte Folgen einer hohen Luftfeuchtigkeit. Das gilt sowohl draußen als auch in Innenräumen.

Eine Luftfeuchtigkeit von 100 % bedeutet also nicht, dass Boden und Luft unter Wasser stehen. Es bedeutet vielmehr, dass das Maß der Menge an Wasser, die die Luft aufnehmen kann, erreicht ist. Auch die Luftfeuchtigkeit hängt mit der Temperatur zusammen. In der Regel ist sie frühmorgens am höchsten. Ihren Tiefpunkt erreicht sie zumeist am frühen Nachmittag. Dies hängt jedoch auch von den einzelnen Witterungsbedingungen ab. Bei starkem Regenwetter beispielsweise verschiebt sich der Tiefpunkt. Ist der Sättigungspunkt der Luft erreicht, besteht also 100 % Luftfeuchtigkeit, spricht man vom sogenannten Taupunkt. Ist der Taupunkt erreicht, steigt die Wahrscheinlichkeit von Nebeldunst und auch Wolkenbildung. Der Taupunkt liegt niedriger, wenn die Luft trockener ist. Es ist deshalb interessant, die Luftfeuchtigkeit im Auge zu behalten, weil sie ein Indikator für Wolken und unsichere Sichtverhältnisse sein kann.

Wolkenkunde

Auch die Wolken müssen stetig im Auge behalten werden, schließlich können sie nicht nur Unwetter vorhersagen, sondern auch ein Indikator für unsichere Sichtverhältnisse sein. Bei den Wolken sind grundsätzlich 10 Grundarten zu unterscheiden. In der folgenden Tabelle finden Sie eine Übersicht über diese Arten. Es ist durchaus sinnvoll, sich ein wenig näher mit den Wolken zu befassen.

Für eine internationale Kategorisierung der Wolken ist die Weltorganisation für Meteorologie verantwortlich. Abgekürzt wird sie mit WMO. Dies steht für ihre englische Bezeichnung World Meteorological Organisation. Im deutschen Sprachraum nutzt man die englische Abkürzung. Im umgangssprachlichen Gebrauch spricht man auch von der Weltmeteorologiebehörde. Auch von der Weltwetterorganisation ist immer wieder die Rede. Falls Ihnen diese Begriffe jemals begegnen, wissen Sie also, dass es sich um die gleiche Organisation handelt. Die WMO ist eine Sonderorganisation der Vereinten Nationen. Ihr Sitz ist in der Schweizer Stadt Genf. Ihre Geschichte geht bereits bis in das Jahr 1873 zurück. Zu den wichtigsten Zielen der WMO gehören die weltweite Zusammenarbeit bei der Einrichtung und dem Erhalt von Systemen und Netzwerken zum Austausch über meteorologische Daten. So obliegt es beispielsweise der WMO, internationale Kooperationen bei der Einrichtung von Netzwerken von Wetterstationen aufzubauen und zu erhalten. Viele dieser Daten sind schließlich nicht nur für ein Land, sondern für viele Länder der Welt relevant. Außerdem soll die WMO die Standardisierung von meteorologischen Beobachtungen fördern.

Dadurch sollen einheitliche Veröffentlichungen und Statistiken gesichert werden, mit denen international gearbeitet werden kann. Die Anwendung der Meteorologie ist für zahlreiche Bereiche notwendig. Ganz oben auf der Liste stehen die Schifffahrt und die Luftfahrt, aber auch die Landwirtschaft und viele andere Aktivitäten profitieren von zugänglichen und genauen Daten der Witterungsverhältnisse. Zu den Aufgaben der WMO gehören letztlich auch die Stärkung und Förderung von Forschung und Ausbildung in der Meteorologie.

Die WMO hat eine Wolkenklassifikation herausgegeben, welche zehn Wolkengattungen umfasst. Eine Wolke kann jeweils nur zu einer Gattung gehören. Jede Wolke ist daher eindeutig zu kategorisieren. Nachfolgend finden Sie hierzu eine Tabelle. Die Abkürzungen, die in der Meteorologie verwendet werden, finden Sie möglicherweise auch auf Wetterkarten und in Wetterberichten. Nachfolgend erhalten Sie eine kurze Erklärung über die einzelnen Wolken. Diese soll dabei helfen, etwas über das Wetter zu lernen. So bequem Wetterberichte heutzutage auch sind, so einfach ist es manchmal auch, die Wetterverhältnisse im Vorfeld klar zu erkennen. Häufig lassen sich beispielsweise Regenschauer und auch nahende Stürme anhand von Wolken und der Luftfeuchtigkeit erkennen. Wenn Sie ein Gefühl für das Wetter entwickeln, wird Ihnen das die Sicherheit auf See verbessern.

Lateinische Bezeichnung der Wolke	**Deutsche Bezeichnung der Wolke**	**Abkürzung in der Meteorologie**
Cirrus	hohe Federwolke	Ci
Cirrocumulus	hohe Schäfchenwolke	Cc
Cirrostratus	hohe Schleierwolke	Cs
Altocumulus	grobe Schäfchenwolke	Ac
Altostratus	mittelhohe Schichtwolke	As
Nimbostratus	Regen-Schichtwolke	Ns
Stratocumulus	Schicht-Haufenwolke	Sc
Stratus	Niedrige Schichtwolke	St
Cumulus	Haufenwolke	Cu
Cumulonimbus	Schauer- und Gewitterwolke	Cb

Erläuterungen zur Tabelle:

- **Cirruswolke:** Eine hohe Wolke, die auch als Federwolke bezeichnet wird. Sie befindet sich in einer Höhe zwischen 5 und 13000 Metern. Gekennzeichnet sind diese Wolken durch weiße Fäden beziehungsweise Bänder, die meist durch starke Höhenwinde erzeugt werden. Verdichten sich diese Wolken, kann mit einer Warmfront gerechnet werden. Bei Verdichtungen sind Wetterverschlechterungen ebenfalls naheliegend.

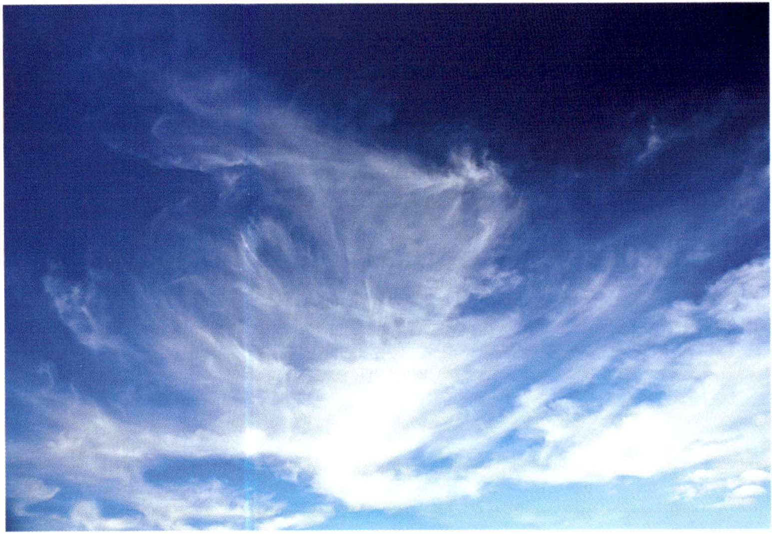

- **Cirrostratuswolken:** Faserige, glatte Wolkenschleier. Typische Beobachtungen im Rahmen dieser Wolken sind Ringe, die sich um Sonne oder Mond bilden. Sie werden als sogenannte Haloerscheinungen bezeichnet. Jedoch sind Sonne und Mond durch diese Wolken nie ganz verdeckt. Sie sind ein erstes Indiz für eine ankommende Wetterverschlechterung.
- **Cirrocumulus:** Wolken, die aus vielen kleinen Elementen bestehen. Im Alltagssprachgebrauch werden sie auch als Schäfchenwolken bezeichnet. Diese Wolken kommen verhältnismäßig eher selten vor. Häufig sind sie auch in Form von Kondensstreifen von Flugzeugen zu sehen. Sie sind erste Anzeichen für Regenschauer. Mit größeren Wetterverschlechterungen ist aufgrund dieser Wolken jedoch nicht zu rechnen.

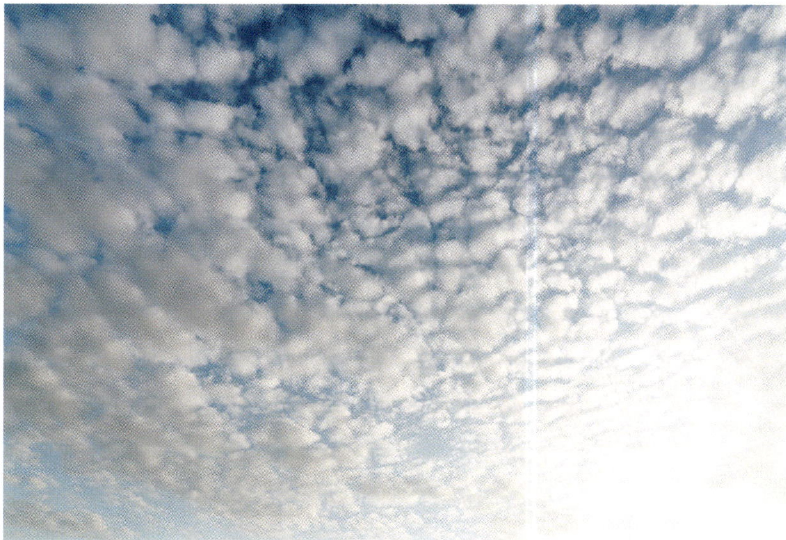

• **Altocumulus:** Wolken, die den Schäfchenwolken sehr ähneln, meist jedoch in schuppenartigen Zusammenkünften auftreten. Sie befinden sich in der Regel in Höhen von 2000 bis 7000 Metern. Diese Wolken können erste Vorboten von starkem Regen und Gewitter sein.

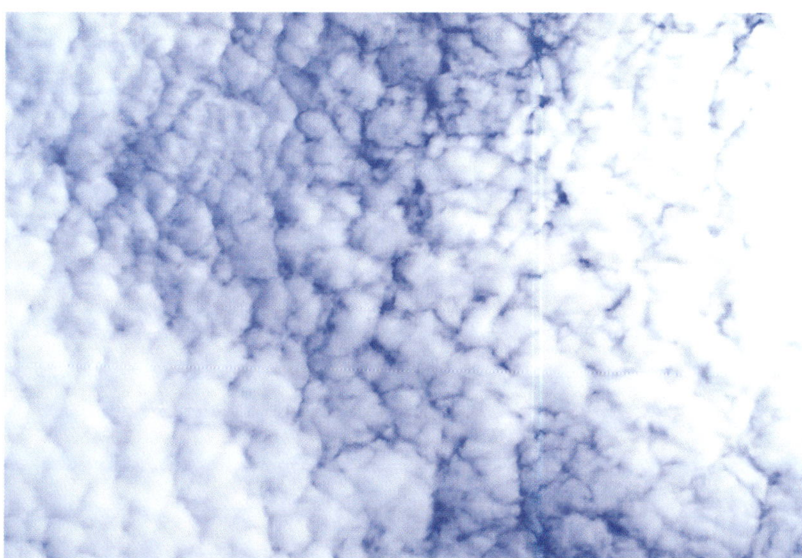

• **Altostratus:** Großflächige Wolken, welche die Sonne nahezu verdecken. Komplett unsichtbar wird die Sonne hinter diesen Wolken jedoch nicht. Vielmehr wird sie, ähnlich wie durch ein Milchglas, sehr schwach erkenntlich. Diese Wolkenart kann ein Vorbote für Regen sein. In der Regel erkennt man das tatsächliche Auftreten des Regens an vorhergehenden Verdichtungen der Wolke.

• **Nimbostratus:** Sehr dichte Wolken, die aus Schichten bestehen. Sie sind klar als dunkle Regenwolken erkennbar. Ihr Auftreten deutet auf andauernden Regen hin.

• **Stratocumulus:** Sogenannte Haufenschichtwolken. Sie sind in einer Höhe bis zu etwa 2000 Metern und tiefer anzutreffen. Typischerweise besitzen diese Wolken eine graue Unterseite und eine helle Oberseite. Sie können bei diversen Wetterverhältnissen auftreten. Häufig sind sie in Verbindung mit leichten Regenschauern zu sehen.

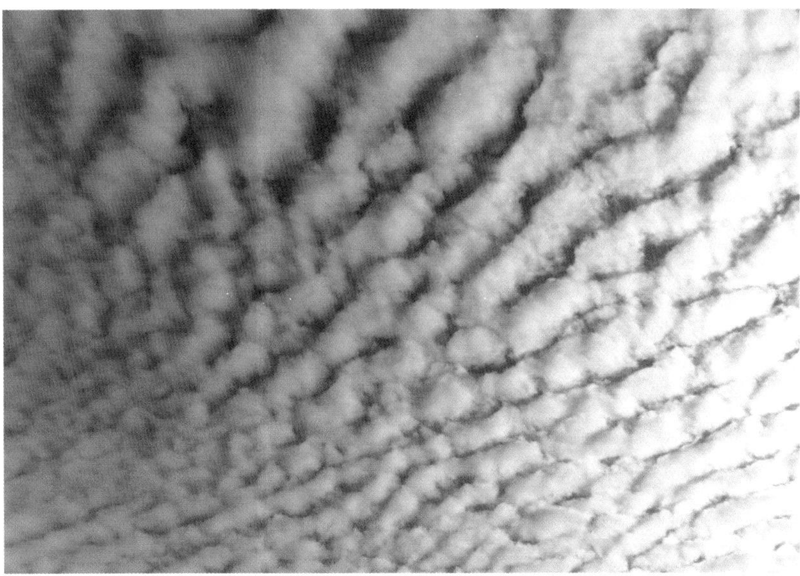

• **Stratus:** Niedere Schichtwolken, die auch als Hochnebel oder Höhennebel bezeichnet werden. Hier ist jedoch eine klare Unterscheidung zum Bodennebel vorzunehmen. Während Bodennebel nur die Erdoberfläche erreicht, ist diese Art von Höhennebel in höheren Atmosphärenschichten zu erkennen. Diese Schichtwolken deuten eine hohe Luftfeuchtigkeit und damit nahende Schauer an.

• **Cumulus:** Sogenannte Haufenwolken. Es sind mehrere Wolken, die auf großem Haufen und großen Flächen zusammenkommen. Sie entstehen tagsüber bei Sonneneinstrahlung. Häufig sind sie auch bei schönem Wetter zu sehen. Eine zunehmende Anzahl und Größe dieser Wolken ist ein Vorbote für leichte Regenschauer. Langanhaltende Schlechtwetterfronten sind jedoch nicht zu erwarten.

• **Cumulonimbus:** Sehr dichte Wolken mit beachtlicher Ausdehnung in vertikaler Richtung. Sie haben häufig Formen, die Bergen ähneln. Diese Art von Bewölkung erreicht sehr große Höhen von 10000 Metern und mehr. Treten diese Wolken auf, sind Unwetter die Folgen. Sie sind Begleiterscheinungen für starken Sturm, Hagel und Gewitter.

Sturm

Während im allgemeinen Sprachgebrauch bereits bei niedrigerer Windstärke von einem Sturm gesprochen werden kann, besteht beim offiziellen Sturm ein Wind von 75 bis 88 Kilometer pro Stunde. Bei dieser Geschwindigkeit und Kraft bricht der Wind Äste von Bäumen und kann kleinere Schäden an Häusern anrichten. Beispielsweise werden Dachziegel oder Rauchhauben abgehoben. Sturm entspricht der Windstärke 9 der Skala. Von einem schweren Sturm wird gesprochen, wenn der Wind so stark ist, dass er größere Schäden an Häusern anrichten kann oder Bäume bricht. Bei solchem Wind sollte man niemals hinausfahren. Allerdings können viele Boote auch schon bei sehr viel niedrigeren Windstärken nicht mehr hinausfahren. Wie viel Wind man verkraften kann, hängt immer davon ab, welches Boot man führt und auf welchem Gewässer man sich aufhält. So sollte man beispielsweise auf offenem Meer nur bei sehr niedrigen Windstärken unterwegs sein. Auf einem See darf es dahingehend schon einmal etwas höher sein. Kleine Segelboote, die keinen Motor oder einen sehr schwachen Motor haben, benötigen eine gewisse Mindestwindstärke, um überhaupt rausfahren zu können. Gleichzeitig darf der Wind auch nicht zu stark sein, damit sich das Boot noch lenken lässt. Wie viel Wind für das jeweilige Boot benötigt wird, erfährt man im Einzelfall. Wichtig ist, dass man die Windstärken immer im Auge behält und weiß, unter welcher Stärke man herausfahren kann und unter welcher nicht. Sind Sturmwarnungen angekündigt, sind nicht nur der Wind, sondern auch die Wellen eine Gefahr. Auch Blitz und Donner sollte man auf dem Wasser unbedingt vermeiden.

Missweisung und Deviation

Als Missweisung wird eine Winkelabweichung von geografischem Nord und magnetischem Nord bezeichnet. Die Missweisung wird auch Ortsmissweisung oder Deklination genannt. Einfach gesprochen lässt sich sagen, dass der magnetische Südpol und der geografische Nordpol der Erde nicht genau zusammenfallen. Sie liegen allerdings sehr dicht beieinander.

Ein Kompass ermöglicht deshalb die Orientierung im freien Gelände Richtung Nord oder Süd. Da die Pole jedoch nicht exakt zusammenfallen, besitzt jeder Kompass eine Missweisung. In Deutschland beträgt sie etwa einen bis zwei Grad. Für Navigationszwecke, insbesondere auf hoher See, muss die Missweisung exakt ermittelt werden. Sie hängt jedoch jeweils vom Ort des Beobachters auf der Erdoberfläche ab. Außerdem verschiebt sich die Lage der magnetischen Pole auf der Erdoberfläche im Laufe eines Jahres. Deshalb ist auch die Missweisung an eine zeitliche Komponente gebunden. In der Nähe der geographischen Pole ist die Verwendung eines Kompasses aus diesen Gründen zur Ermittlung des Nordens auch nicht sinnvoll.

Die Deviation ist eine zusätzliche Ablenkung eines Magnet-Kompasses. Hierbei handelt es sich um eine Störung, die mit Störfeldern in der Umgebung des Messpunktes zusammenhängt.

Auch die Deviation ist neben der Missweisung besonders bei der Navigation zu beachten. Deviationen entstehen, wenn Umgebungsfaktoren die Bewegung der Nadel beeinflussen. Insbesondere die Nähe von kobalthaltigen, nickelhaltigen und eisenhaltigen Gegenständen kann dazu führen, dass magnetische Feldlinien ihre Richtung verändern. Da sich die Kompassnadel an diesen magnetischen Feldlinien orientiert, wird auch sie ihre Richtung anders ausrichten. Faktoren, die die Kompassnadel stören könnten, ist beispielsweise die Nähe zu einem Stahlschiff oder einer Eisenbahn. Aber auch die Nähe eines Fahrrades oder eines einfachen Schlüsselbundes kann eine Störung bereits auslösen. Kompasse, die auf Fahrzeugen mit ferromagnetischen Materialien verwendet werden, unterliegen zwangsläufig störenden Einflüssen. Auch Stromkreise in Flugzeugen oder Schiffen erzeugen Magnetfelder, die für solche Störungen verantwortlich sind. Deviationen können beispielsweise durch die Anbringung eines sogenannten Mutterkompasses, also eines kompensierenden Kompasses, oder auch durch verstellbare kleine Magnete oder Eisenmassen verringert werden. In der Regel wird für kleine Sportboote dieses Problem nicht besonders gravierend sein. Allerdings ist es immer gut, sich mit diesen Schwierigkeiten auszukennen. Man sollte stets alle möglichen Probleme beachten, um das Risiko einer Gefahrensituation so gering wie möglich zu halten.

Regeln auf dem Wasser

Zu den wichtigsten theoretischen Grundlagen des Sportbootführerscheins gehören auch die Regeln auf dem Wasser. Hierzu zählen beispielsweise Lichter und Signale, Schifffahrtszeichen und auch Fahr- sowie Ausweichregeln. In diesem Abschnitt werden Sie alles Wichtige zu diesen Themen lernen.

Zeichen & Symbole

Eines der wichtigsten Kapitel in der Vorbereitung auf die Sportbootprüfung behandelt Zeichen und Symbole. Nur wenn Sie sich mit den grundlegenden Zeichen und Symbolen auskennen, können Sie sich auf dem Wasser und am Ufer ordentlich zurechtfinden. Eine Übersicht über die wichtigsten Zeichen und Signale finden Sie nachfolgend:

Lichter und Signale

Lichter und andere Signale dienen ebenfalls vorrangig der Sicherheit auf dem Wasser. Sie werden in diesem Abschnitt die wichtigsten Lichter und Signale kennenlernen. Lichter dienen vor allem dazu, Positionen von Wasserfahrzeugen kenntlich zu machen. Wasserfahrzeuge müssen die Lichter zwischen Sonnenuntergang und Sonnenaufgang nutzen. So sollen sie auch bei schlechten Lichtverhältnissen kenntlich sein. Sind die Sichtverhältnisse jedoch schlecht, müssen die Lichter auch zwischen Sonnenaufgang und Sonnenuntergang genutzt werden. Das kann beispielsweise bei starkem Nebel der Fall sein. Zumeist sind die Lichter in einer bestimmten Anordnung, Farbe oder auch in speziellen Lichterscheinungen, wie beispielsweise Funkellichtern, zu verwenden. Neben Lichtern sind in einigen Fällen auch sogenannte Signalkörper vorgeschrieben. Ihre Funktion ist in der Regel sehr ähnlich. Das Führen von Lichtern ist für die Navigation in der Schifffahrt besonders wichtig. Die Lichterführung ist bereits seit der Antike Gegenstand der Gesetzgebung.

Selbstverständlich wurde sie bis dahin mehrfach erneuert. Zuletzt wurde eine weltweite Vereinheitlichung der Führung von Lichtern auf See in Washington im Jahr 1889 beschlossen. Dies geschah auf der internationalen Marinekonferenz. Insgesamt nahmen 27 Staaten teil, um eine bessere Seestraßenordnung zu beschließen. Deutschland setzte diese durch die *Verordnung zur Verhütung des Zusammenstoßes der Schiffe auf See* im Jahre 1897 um. Im selben Jahr trat auch die *Verordnung betreffend die Lichter und*

Signalführung der Fischereifahrzeuge und der Lotsendampffahrzeuge in Kraft. Auch diese Verordnung ist eine Umsetzung der Regelungen der Marinekonferenz. Eine einheitliche Lichterführung besteht übrigens auch in den Kollisionsverhütungsregeln. Diese ist international. Eine Übersicht über die wichtigsten Regelungen zur Lichterführung lesen Sie im Folgenden.

Verschiedene Lichter

Lichter sind vor allem dann wichtig, um Schiffe bei Nacht oder unter schlechten Sichtverhältnissen unterscheiden zu können. Je nach Schiffsart und Fahrweise sind daher unterschiedliche Lichter zu führen. Die Lichter dienen nicht primär dazu, zu sehen, vielmehr dienen sie dazu, gesehen zu werden. Die wichtigsten vier Unterscheidungen sind die folgenden:

- Rundumlicht
- Topplicht
- Seitenlicht
- Hecklicht

Rundumlichter strahlen einen Vollbogen von 360 Grad aus. Rundumlichter können mehrere Farben haben, in der Regel Grün, Weiß oder Rot.

Sogenannte **Topplichter** strahlen nach vorne beziehungsweise leicht zur Seite, und zwar in einem Bogen von 225 Grad. In der Regel sind diese Lichter weiß. Diese Lichter werden nur von Schiffen gezeigt, die mit Motor betrieben sind. Daher werden sie im allgemeinen Sprachgebrauch häufig auch als Dampferlicht bezeichnet.

Seitenlichter strahlen, wie der Name schon verrät, seitlich. Sie sind in der Regel rot und grün und strahlen je 112,5 Grad. Die roten und grünen Markierungen dienen dazu, Backbord von Steuerbord zu unterscheiden. Mehr dazu lesen Sie im Abschnitt zum Lateral- und Kardinalsystem.

Ein **Hecklicht** wiederum strahlt einen Bogen von 135 Grad nach hinten. Insbesondere größere Schiffe sind mit diesen Lichtern ausgestattet, damit sie auch von weitem für andere Seefahrer zu erkennen sind.

Seitenlichter, Hecklicht und Topplicht zusammen werden auch als Positionslichter im engeren Sinn bezeichnet.

Sogenannte **Funkellichter** sind blinkende Lichter mit mindestens 120 Blitzen pro Minute. Daneben können im Einzelfall noch weitere Lichter vorhanden sein. Allerdings ist es nur dann erlaubt, noch weitere Lichter anzuhaben, wenn sie zum einen nicht mit den vorgeschriebenen Lichtern der Kollisionsverhütungsregeln verwechselt werden können, zum anderen dürfen sie außerdem nicht den eigenen Ausguck blenden. Auch ist zu vermeiden, dass die Lichter andere Schiffsführer blenden. Aus diesem Grund sind Scheinwerfer nur auf das Nötigste zu beschränken. Dennoch besitzen manche Schiffe für die bessere Sichtung Scheinwerfer. Dazu zählen beispielsweise Suchscheinwerfer oder auch Heckscheinwerfer von Fischerbooten. Im Grunde ist auch die Kabinenbeleuchtung von innen oder beispielsweise von Arbeitsräumen ein Licht, das von außen sichtbar ist. Auch diese müssen klar von den notwendigen Positionslichtern zu unterscheiden sein.

Schiffe bei Nacht erkennen (auf offener See)

Mit einem kleinen Sportboot werden Sie in der Regel nicht in der Dunkelheit auf hoher See unterwegs sein. Dennoch ist es hilfreich, diese Lichter zu kennen und zu wissen, wann Sie ein Schiff in der Ferne oder Nähe erwarten können.

Ankerlieger (d. h. Schiffe, die ankern) müssen außerdem bei Nacht ein weißes Rundumlicht im Mast führen. Das Licht muss die ganze Nacht in Betrieb sein. Währenddessen dürfen die seitlichen Lichter sowie auch das Hecklicht nicht eingeschaltet sein. Durch diese Unterscheidung wird sichergestellt, dass andere Seefahrer erkennen, dass es sich bei dem Boot um eines am Anker handelt. Segelyachten und andere Segelfahrzeuge, die unter Segelantrieb in Betrieb sind, führen bei Nacht seitliche Lichter auf beiden Seiten. Auch das Hecklicht muss in Betrieb sein.

Segelfahrzeuge unter Motorbetrieb oder Motorunterstützung müssen ebenfalls das seitliche Licht und das Hecklicht einschalten. Auch das Topplicht muss bei diesen Booten in Betrieb sein. Dadurch wird eine klare Unterscheidung zu Booten unter Segelbetrieb vorgenommen. Außerdem wird sichergestellt, dass die schnelleren Motorboote gut und frühzeitig gesehen werden. Reine Motorfahrzeuge bis zu einer Länge von 50 Metern müssen bei Nacht ebenfalls beide seitlichen Lichter sowie das Hecklicht und das Topplicht betreiben. Überschreitet die Länge 50 Meter, müssen diese Boote beide Seitenlichter, das Hecklicht sowie zwei Topplichter führen.

Für Fischerboote gelten ebenfalls gesonderte Lichter. So müssen Fischer mit Schleppnetz oder einem anderen geschleppten Gerät zum Fischfang bei Nacht ein weißes und ein grünes Rundumlicht führen. Daneben müssen beide Seitenlichter, das Topplicht und das Hecklicht eingeschaltet sein. Insbesondere die Rundumlichter sind wichtig, da die Schleppgeräte auch für Boote, die sich dem Fischer von hinten nähern, ein besonderes Risiko darstellen. Zudem sind die Schleppgeräte selbst bei Tageslicht nicht immer sofort erkennbar. Solche Fischer werden als trawlende Fischer bezeichnet. Nicht-trawlende Fischer, also Fischerschiffe ohne Schleppgerät zum Fischfang, sind bei Nacht durch ein rotes und ein weißes Rundumlicht erkennbar. Daneben sind das Hecklicht und die Seitenlichter anzuschalten. Außerdem verfügen diese Boote über ein weißes Rundumlicht. Nicht-trawlende Fischer führen schließlich ein seitlich angebrachtes Fanggerät – ein sogenanntes Treibnetz. Das seitliche Rundumlicht ist daher auch an der Seite dieses Fanggerätes angebracht.

Lotsenfahrzeuge wiederum haben ebenfalls eine besondere Lichterführung zu tragen. Lotsen sind erfahrene Nautiker, die für die Sicherheit eines Bootes oder Schiffes zuständig sind, indem sie die Wasserfahrzeuge durch gefährliche Stellen, schwierige Wasserstraßen und Untiefen führen. Sie stehen meistens dem Kapitän beratend zur Seite und werden mit einem Lotsenfahrzeug bzw. einem Lotsenschiff von einem Schiff zum anderen oder vom Hafen zum Schiff gebracht. Sie führen in der Dunkelheit Seitenlichter, ein weißes Hecklicht und zwei Rundumlichter. Eines der Rundumlichter ist weiß, das andere rot. Beide Rundumlichter sind im Topp – also oben auf dem Schiff – angebracht. Das weiße Rundumlicht ist über dem roten Rundumlicht zu erkennen.

Minenräumer in Fahrt haben drei im Dreieck angeordnete grüne Lichter zu führen. Diese Schiffe sind Militärschiffe, deren Aufgabe die Beseitigung von Minen ist. Daneben müssen sie drei im Dreieck angeordnete Bälle führen. Von Minenräumen haben alle anderen Fahrzeuge einen Abstand von mindestens einem Kilometer einzuhalten. Aus Sicherheitsgründen wird ein größerer Abstand empfohlen.

Letztlich kann man auf See auch mit Schiffen konfrontiert werden, die nicht manövrieren können. Da diese Schiffe nicht ausweichen können, sind sie durch zwei rote Rundumlichter gekennzeichnet. Für andere Boote und Fahrzeuge sind sie dadurch sofort als Gefahrenquelle erkennbar. Beide Rundumlichter sind im Topp zu sehen. Daneben sind auch hier die Seitenlichter zu nutzen.

Die verschiedenen Lichter ermöglichen nicht nur das Erkennen eines Schiffes bei Nacht. Dadurch, dass die Lichter an unterschiedlichen Höhen, Seiten und in unterschiedlichen Farben angebracht sind, lassen sie auch Rückschlüsse auf die Fahrtrichtung eines Bootes zu. Dadurch, dass sie anzeigen, wo vorne und hinten ist, kann man von weitem auch ungefähr erkennen, wie lang das Boot ist. Auch die Antriebsweise ist durch die verschiedenen Lichter von außen erkennbar. Dadurch können andere Schiffsführer beispielsweise einschätzen, wie schnell sich dieses Boot nähern könnte. Letztlich wird sogar der Einsatz des Fahrzeugs bekanntgegeben. So lassen sich beispielsweise Fischereifahrzeuge aufgrund ihrer Lichter erkennen.

Die Lichter sind nicht nur in ihrer Art und Farbe vorgeschrieben. Auch die Stärke ist vorgeschrieben. So müssen die Lichter von Fahrzeugen, die 50 Meter oder länger sind, mindestens drei bis sechs Seemeilen weit leuchten. Dabei muss das Topplicht 6 Seemeilen weit leuchten, alle anderen Lichter drei. Alle Fahrzeuge, die mindestens 12 Meter Länge messen, jedoch weniger als 50, müssen im Topplicht fünf Seemeilen weit strahlen. Alle anderen Lichter müssen mindestens zwei Seemeilen weit zu sehen sein. Hat das Fahrzeug eine Länge, die weniger als 12 Meter beträgt, darf auch das Topplicht eine Reichweite von drei Seemeilen haben. Kleinere Fahrzeuge, die weniger als 12 Meter Länge betragen, müssen je nach Licht eine bis zwei Seemeilen weit zu erkennen sein. Letztlich müssen auch alle Fahrzeuge oder Gegenstände, die geschleppt werden und schwer zu erkennen sind, beispielsweise teilweise unter Wasser befindlich sind, ein weißes Rundumlicht führen, das mindestens drei Seemeilen weit strahlt.

Lichter der Binnenschifffahrt

Die Lichterführung der Binnengewässer ist stets in den einzelnen Ländern geregelt. In Deutschland entspricht die Regelung allerdings überwiegend den internationalen Regelungen. Das Gleiche gilt für Österreich und die Schweiz. Lediglich einige Vereinfachungen oder Spezialfälle sind ergänzt worden. Geregelt ist in Deutschland alles in der Binnenschifffahrtsstraßen-Ordnung (BinSchStrO). Spezielle Verordnungen können für internationale Gewässer gelten. So gilt beispielsweise für den Bodensee die internationale Bodensee-Schifffahrtsordnung (BSO). Zu den wichtigsten Ergänzungen auf deutschen Binnengewässern gilt beispielsweise das Licht bei Behördenfahrzeugen im Einsatz. So müssen beispielsweise Seefahrzeuge der Polizei oder der Seerettung zusätzlich ein blaues Funkellicht tragen. Bei gefährlicher Annäherung müssen Bundeswehrfahrzeuge einen sogenannten weißen Stern tragen. Dabei handelt es sich um eine Leuchtrakete. Eine Fähre muss in Deutschland ein weißes Rundumlicht tragen sowie ein grünes Rundumlicht einen Meter über dem weißen. Freifahrende Fähren müssen außerdem beide Seitenlichter und das Hecklicht anhaben.

Lichtsignale bei Seenot

Lichter können auch Auskunft über Seenot geben. So ist eines der wichtigsten visuellen Signale für Seenot das Abfeuern einer Fallschirmleuchtrakete. Diese besitzt einen roten Lichtschein. Auch orangefarbene Rauchsignale zeigen Seenot an. In der Regel werden Sie solche Signale nicht benötigen und hoffentlich niemals absenden müssen. Dennoch kann es für den Einzelfall sinnvoll sein, sich mit ein paar grundlegenden Signalen vertraut zu machen. Es gibt zahlreiche Notsignale, die eingesetzt werden können. Nicht alle sind visuell. So gibt es beispielsweise Schallzeichen. Auch gesprochene Signale auf dem Seefunk-Sprechkanal können Notsignale sein. Da es sowohl erlaubt als auch teilweise notwendig ist, mehrere Signale gleichzeitig abzusetzen, kann es gut sein, dass Sie hier mit mehreren Signalen gleichzeitig konfrontiert werden. So ist es beispielsweise durchaus sinnvoll, gleichzeitig Seefunk-Notrufe abzusetzen und eine Signalrakete abzufeuern.

Übersichten der wichtigsten Signale auf Binnenschifffahrtsstraßen und Seeschifffahrtsstraßen werden von der Wasserstraßen- und Schifffahrtsverwaltung (WSV) des Bundes herausgegeben.

Vorschriften

Ähnlich wie auch in der Straßenverkehrsordnung festgelegte Vorschriften für den Straßenverkehr zu finden sind, gibt es auf dem Wasser einige Vorschriften, die Sie kennen müssen. Viele dieser Inhalte lernen Sie im nächsten großen Kapitel – wenn es an das praktische Führen eines Bootes geht. An dieser Stelle sollen Sie sich jedoch bereits mit einigen Grundvorschriften vertraut machen.

Kein Trinken und Fahren

Wie im Straßenverkehr gilt auch auf dem Wasser eine Alkoholgrenze. So darf der führende Seefahrer eine Blutalkoholkonzentration von 0,5 Gewichtspromille nicht überschreiten. Grundsätzlich bedeutet das also ähnlich wie beim Autofahren: kein Trinken und Fahren. Schlauchboote sind von dieser Regelung ausgenommen, allerdings wird aufgrund der Sicherheit dennoch empfohlen, sich an dieser Regel zu orientieren.

Maximalgeschwindigkeit auf See und Fluss

In den Uferzonen bis 300 Meter in den Seebereich sind maximal 10 Kilometer pro Stunde Geschwindigkeit erlaubt. Außerhalb dieser Uferzone ist die Geschwindigkeit grundsätzlich frei, es sei denn, es gibt andere örtliche Bestimmungen. Außerdem muss der Fahrer stets darauf achten, sich an die örtlichen Gegebenheiten anzupassen und niemanden zu gefährden. Diese Geschwindigkeit gilt übrigens nicht nur für Sportboote, sondern auch für Schlauchboote, Stand-Up-Boards und den Wassersport. Allerdings darf man normalerweise davon ausgehen, dass man mit Schlauchbooten oder einem Stand-Up-Board diese Geschwindigkeit sowieso nicht überschreiten wird. Auf Flüssen wiederum gibt es eine Höchstgeschwindigkeitsgrenze von 15 Kilometern pro Stunde. Schlauchboote sind von dieser Regelung ausgenommen.

Schutz von Wasserpflanzen

Zum Schutz der Natur ist rund um Wasserpflanzen ein Mindestabstand von 25 Metern einzuhalten. Diese Regelung gilt unabhängig des Gefährtes. Dies liegt daran, dass sich im Schutz von Wasserpflanzen wie Schilf und Seerosen oft verschiedene Tiere einnisten. So nisten beispielsweise Enten und Vögel häufig in diesen Gewächsen. Um scheue Arten nicht zu stören, muss daher ein Bogen um diese Pflanzen gemacht werden.

Verbotene Zone

Grundsätzlich erkennen Seefahrer Zonen, die nicht befahren werden dürfen, auch an Tafeln mit weißem Strich auf rotem Grund. Diese Tafeln werden direkt vor oder in unmittelbarer Nähe der Zonen zu finden sein. Alternativ markieren auch gelbe Bojen Zonen, die nicht befahren werden dürfen.

Schifffahrtszeichen

Schifffahrtszeichen, auch Seezeichen genannt, dienen der Orientierung und Sicherheit auf dem Wasser. An dieser Stelle erhalten Sie einen Überblick über die wichtigsten Schifffahrtszeichen für den Bootführerschein. Merken Sie sich diese Zeichen gut, damit Sie nicht nur für die Prüfung bestens vorbereitet sind, sondern auch möglichst sorglos auf dem Wasser unterwegs sein können. Eine Auswahl der unterschiedlichen Zeichen finden Sie nachfolgend:

Verbote

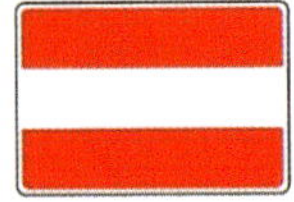

Durchfahrt verboten und Sperrung der Schifffahrt

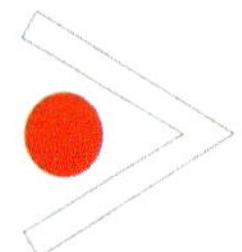

Verbot der Einfahrt in beispielsweise einen Hafen oder ein Nebenwasser

Gesperrte Wasserfläche, die allerdings für Kleinfahrzeuge ohne Antriebsmaschine befahrbar ist

Fahrverbot für Maschinenfahrzeuge

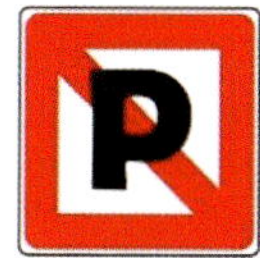

Festmache- und Liegeverbot

Überholverbot

Wendeverbot

Begegnungsverbot, zwei Schiffe können hier wegen einer Engstelle nicht passieren

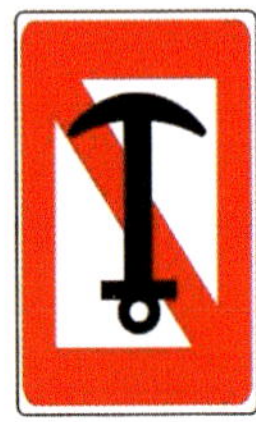

Ankerverbot für alle Fahrzeuge

Gebote

Höchstgeschwindigkeit gegenüber Ufer in km/h

Mindestabstand in Metern, der zum Ufer eingehalten werden muss

Vorgeschriebene Fahrtrichtung für alle Fahrzeuge

Empfohlener Wendeplatz, das Stillliegen ist hier für alle Fahrzeuge verboten

Besondere Vorsicht walten lassen

Liegestelle für Fahrzeuge mit explosiver Ladung, Kleinfahrzeuge verboten

Liegestelle für Fahrzeuge ohne gefährliche Güter, auch für Kleinfahrzeuge

Ende der Gebots- und Verbotsstrecke

Fahr- und Ausweichregeln

Zu verschiedenen Verhaltensregeln im Verkehr auf See lernen Sie im praktischen Abschnitt noch mehr. An dieser Stelle sollen Ihnen allerdings bereits die wichtigsten Fahrregeln und Ausweichregeln nahegelegt werden. Mit am wichtigsten sind dabei die Vorfahrtsregeln. Viele der Vorfahrtsregeln sind an die Regeln im Straßenverkehr angelehnt. Wer bereits einen Führerschein hat, wird daher nicht allzu große Schwierigkeiten haben, sich die Regeln zu merken.

Als Grundsatz gilt: Es ist immer rücksichtsvoll und aufmerksam zu fahren. Auch dies kennen Sie wahrscheinlich bereits aus dem Straßenverkehr. Als Bootfahrer dürfte dies jedoch noch leichter umsetzbar sein. Schließlich werden Sie in der Regel in der Freizeit oder sogar im Urlaub auf dem Wasser unterwegs sein. Sie haben also sehr wahrscheinlich Zeit und brauchen nicht zu hetzen. Aus diesem Grund lautet auch die erste der Vorfahrtsregeln: Berufsfahrer haben immer Vorrang. Treffen zwei Freizeitfahrer aufeinander, kommt es auf die Antriebsart an. Werden die Boote mit Muskelkraft, Windkraft oder Motorkraft betrieben? Handelt es sich um zwei gleich betriebene, also gleichrangige Fahrzeuge, muss man schließlich ähnliche Regeln, wie man sie aus dem Straßenverkehr kennt, beachten.

Berufsfahrer vor Freizeitfahrern

Grundsätzlich hat die Berufsschifffahrt stets Vorfahrt. Sportboote und Freizeitboote aller Art müssen diesen Schiffen ausweichen. Zur Berufsschifffahrt gehören beispielsweise die Polizei, die Feuerwehr, Rettungsschiffe, Frachtschiffe, Arbeitsschiffe, Schlepper, Eisbrecher und auch Fahrgastschiffe.

Muskelbetriebene Boote vor Motorbooten

Muskelbetriebene Boote sind solche, die alleine durch die Muskelkraft des Kapitäns oder der Passagiere an Bord in Bewegung gesetzt werden. Motorboote hingegen werden mit einem Motor in Bewegung gesetzt. Zu den muskelbetriebenen Booten gehören beispielsweise Ruderboote, Kajaks, Faltboote und sonstige Paddelboote. Da sie in der Regel wesentlich wackeliger und kleiner sind als die motorbetriebenen Boote, haben die stärkeren Motorboote den kleineren Booten Vorrang zu gewähren. Der Schiffsführer des Motorbootes sollte in jedem Fall Rücksicht nehmen und das Tempo entsprechend drosseln. Wird das Tempo nicht gedrosselt, kann der erzeugte Wellenschlag durch den Motor zu starkem Schaukeln, im Extremfall sogar zum Kentern, von kleinen Booten führen. Daher ist stets besondere Vorsicht um solche Boote herum zu üben. Das Gleiche gilt selbstverständlich auch für andere Fortbewegungsmittel auf dem Wasser, beispielsweise Stand-Up-Boards.

Fahren unter Segeln hat Vorrang

Motorboote müssen nicht nur den muskelbetriebenen Booten ausweichen. Sie haben auch Segelbooten, die unter Segel fahren, Vorrang zu gewähren. Das bedeutet: Sobald die Segel aufgestellt sind und für den Antrieb des Bootes sorgen, müssen die Motorboote Rücksicht nehmen. Handelt es sich jedoch bei dem Segelboot um ein motorbetriebenes Segelboot und nutzt es zum jeweiligen Zeitpunkt nicht die Segel für den Antrieb, dann ist dieses Boot auch als Motorboot zu behandeln. Im Klartext: Sind aufgestellte Segel zu sehen, gilt der Betrieb unter Segel. Und sind keine Segel zu sehen, wird das Boot als Motorboot behandelt, unabhängig davon, ob es theoretisch auch Segelkraft nutzen könnte.

Ausweichregeln Grundsatz

Beim Ausweichen gilt grundsätzlich, dass am Heck des Schiffes vorbei ausgewichen werden muss. Dies gilt unabhängig von der Bootsart. In allen oben genannten Beispielen muss das Boot, das auszuweichen hat, am Heck vorbeifahren.

Gleichrangige Sportboote

Sobald sich zwei gleichrangige motorbetriebene Sportboote begegnen, sind vier Grundregeln einzuhalten. Grundsätzlich gilt zunächst, dass beide Motorboote jeweils nach Steuerbord ausweichen sollen, wenn sie einander begegnen. So weichen beide Boote in verschiedene Richtungen aus und eine Kollision kann verhindert werden. Dies gilt dann, wenn beide Motorboote aufeinander zufahren. Wie auch im Straßenverkehr weichen die Boote also nach rechts aus. Außerdem ist dabei ein Mindestabstand von zwei bis drei Metern einzuhalten. Auch dies dient der Sicherheit. Kreuzen sich die Fahrtrichtungen von zwei Motorbooten, hat stets das Boot, das von rechts kommt, Vorfahrt. Die Regel rechts vor links gilt also nicht nur im Straßenverkehr, sondern auch auf dem Wasser. Möchte ein Motorboot ein anderes überholen, muss das Boot nach rechts oder links ausweichen, um den Überholvorgang einzuleiten. Dabei ist ein ausreichender Abstand zum Überholen einzuhalten. Außerdem muss sich das überholende Boot sicher sein, dass kein Gegenverkehr herrscht. Auch keine Einengungen oder Hindernisse dürfen im Weg sein. Andernfalls ist das Überholen zu dem Zeitpunkt nicht sicher und darf nicht durchgeführt werden. Ob das Boot rechts oder links überholt, ist egal.

Begegnen sich zwei gleichrangige Boote im Hafen, hat dasjenige Vorfahrt, das aus dem Hafen herausfährt. Möchte also ein Boot aus einem engen Hafen heraus- und ein anderes Boot gleichzeitig hereinfahren, muss das Boot, des auf den Hafen zusteuert, warten. Das Boot, das aus dem Hafen herausmöchte, darf zuerst den Hafen verlassen. Erst wenn der Weg wieder frei ist, darf das andere Boot in den Hafen hinein. In dem Fall gilt also die Regel rechts vor links nicht.

Rechtsfahrgebot
Wie im Straßenverkehr gilt generell auch auf allen Wasserstraßen das Rechtsfahrgebot. Ausnahmen sind Kanäle und schmale Gewässer. Hier wird aufgrund der Ufernähe meist in der Mitte gefahren.

Verhalten an Brücken und schlecht einsehbaren Stellen
Fährt ein Boot auf eine schlecht einsehbare Engstelle oder eine Brückendurchfahrt zu, muss vor dem Befahren ein Schallzeichen abgegeben werden. Außerdem muss man darauf achten, sehr langsam an die jeweilige Stelle heranzufahren. Auch auf Schallzeichen anderer Boote ist zu achten. Kommen andere Schiffe entgegen, hat auch hier die Berufsschifffahrt uneingeschränkt Vorfahrt. Lässt sich erkennen, dass es an der Engstelle nicht möglich ist, ausreichend Sicherheitsabstand einzuhalten, muss man noch vor der Engstelle stoppen. Ist man bereits zu weit gefahren, muss man die Engstelle durch Einlegen des Rückwärtsganges verlassen. Dabei ist selbstverständlich auch besondere Vorsicht geboten, da nachfolgender Verkehr im Weg sein könnte. Der Rückwärtsgang muss sehr langsam eingeführt werden. Bei Brücken gibt es meistens Beschilderungen mit besonderen Durchfahrtsregelungen an der entsprechenden Stelle. Meistens wird durch die Beschilderung sehr klar, wer Vorrang hat. Dadurch gilt hier vor allem, auf die Beschilderung Rücksicht zu nehmen und sich entsprechend zu verhalten.

Lateral- und Kardinalsystem

Das Lateralsystem dient der Kennzeichnung von Seewegen. Genau wie viele andere Sehzeichen dient dieses System der Orientierung auf Seewegen. Gleichzeitig ist es ein wichtiges System zur Warnung vor Gefahren, beispielsweise Untiefen. Das Lateralsystem funktioniert mit Hilfe sogenannter *Toppzeichen*. Dies sind Markierungen, die an einem Seezeichen angebracht sind. Dieses System ist eines von zwei Kennzeichnungssystemen. Es legt eine *seitliche* Markierung der Fahrwasser fest, welche mittels Seezeichen erfolgt. Dabei werden Backbordseite und Steuerbordseite durch unterschiedliche Formen voneinander unterschieden. Auch Farbgebung und Nummerierung sind unterschiedlich. Vor allem die farbliche Unterscheidung ist die am weitesten verbreitete. Sie macht das Unterscheiden außerdem besonders einfach.

Backbord erhält generell die Farbe Rot, Steuerbord die Farbe Grün. In der Regel sehen die Zeichen wie Tonnen oder Kegel, manchmal auch wie Dreiecke aus, die durch ein weiteres Symbol am Kopf bzw. an der Spitze geschmückt werden. Dieses Symbol ist auf der Backbordseite ein Zylinder oder ein Kegel. Auf der Steuerbordseite hingegen ist das schmückende Symbol am oberen Ende ein spitzes Dreieck. Durch diese sogenannten Toppzeichen erkennt man Backbord und Steuerbord. Außerdem könnten Nummerierungen eine Rolle spielen. Backbord und Steuerbord werden mit geraden oder ungeraden

Zahlen markiert. Falls Zahlen verwendet werden, beginnen die ersten Seezeichen des Fahrwassers also mit den Nummern eins und zwei. Die Zuordnung der Form ist international einheitlich. Für Farbe und Nummerierung gelten zwei Regionen: Region A und Region B.

Die Region A umfasst Europa, Australien, Neuseeland, Afrika und Asien mit Ausnahme der Philippinen, Japan und Korea. In dieser Region werden Farbe und Nummerierung wie eben beschrieben verwendet. Das bedeutet, Backbordzeichen erhalten die Farbe Rot. In der Region B sind die Farben genau andersherum verteilt. Hier erhalten Backbordzeichen die Farbe Grün und Steuerbord erhält die Farbe Rot. Region B umfasst Nordamerika, Südamerika, die Philippinen, Japan und Korea.

Das Kardinalsystem dient vor allem der Gefahrwarnung. Hier werden sogenannte Toppzeichen genutzt, um zu ermitteln, wo die Gefahr zu finden und zu umfahren ist. Dabei werden Tonnen, Baken oder Stangen verwendet. Mit dem Kardinalsystem werden Bereiche rund um ein Hindernis in Quadranten aufgeteilt, die jeweils einer der vier Himmelsrichtungen entsprechen. Dort finden die Markierungen statt, sodass für die Seeleute sichtbar wird, wo sie die Hindernisse zu erwarten haben und wo sie zu umfahren sind. Eine Kardinalmarkierung gibt an, wo das Zeichen im Verhältnis zur Gefahrenquelle liegt, sodass man weiß, wo man langfahren kann. In der Praxis werden Hindernisse selten von allen vier Seiten mit Markierungen ausgestattet. Oft findet die Markierung nur von einer Seite aus statt. Eine der Küste vorgelagerte Gefahr wird meist beispielsweise nur von der Außenseite (von Seeseite aus) gekennzeichnet.

Kardinalmarkierungen sind waagerecht schwarz-gelb gestreift. Sie können zudem mit weißem Funkelfeuer ausgestattet werden.

Seekarten

Karten gibt es unzählige verschiedene. Für die unterschiedlichsten Zwecke gibt es auch die unterschiedlichsten Karten. So gibt es beispielsweise Autokarten, Wanderkarten, Radwanderkarten, Wasserwanderkarten und selbstverständlich auch Seekarten. Für das Navigieren auf See ist das Lesen von Seekarten selbstverständlich unerlässlich. Sie sollten sich daher zu Beginn umfassend mit Seekarten beschäftigen. Auf Seekarten werden verschiedene Symbole und Abkürzungen verwendet, die Sie aus dem Alltag nicht kennen werden. Für das Navigieren sind gerade diese Abkürzungen und Symbole jedoch besonders wichtig. Daher geht es in diesem Abschnitt noch einmal intensiver um die Seekarten.

Seekarten lesen und verstehen

Im ersten Abschnitt geht es darum, Seekarten lesen und verstehen zu lernen. Schließlich werden Sie mit Seekarten an vielen Stellen in Berührung kommen. Vor allem beim Navigieren werden Karten wichtig. Wenn Sie grundsätzlich in der Lage sind, eine Straßenkarte oder sogar eine Wanderkarte zu lesen, werden Sie bei Seekarten sicherlich auch schnell den Dreh raus haben. Auch für alle anderen ist an dieser Stelle gesagt: Seekarten lesen ist kein Hexenwerk. Mit ein wenig Geduld und Übung werden Sie schnell lernen, eine Karte in kürzester Zeit lesen zu können. Grundsätzlich können Karten über vielerlei Dinge Auskunft geben. Sie helfen beispielsweise bei der terrestrischen Navigation. Außerdem deuten sie auf Ankermöglichkeiten hin, die sicher sind. Letztlich warnen Seekarten natürlich vor Gefahren. Dafür nutzen Sie sehr viele spezifische Symbole und Abkürzungen. Um eine Seekarte wirklich zu verstehen, müssen Sie sich mit diesen Symbolen und Abkürzungen vertraut machen.

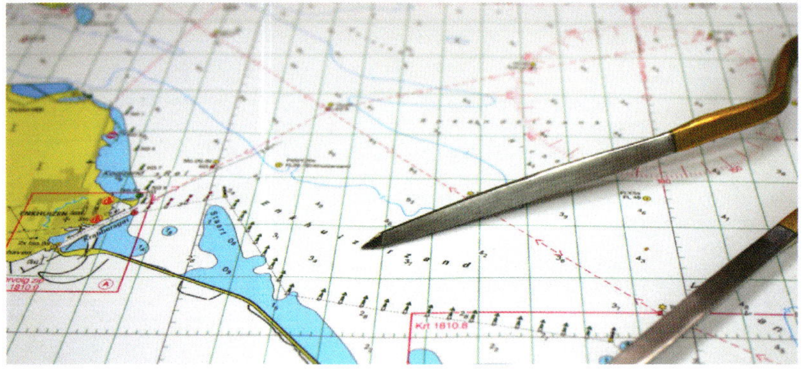

In der Prüfung werden Sie nicht jedes einzelne Symbol auf einer Seekarte brauchen. Gerade am Anfang ist es daher vorrangig wichtig, sich mit den wichtigsten Symbolen vertraut zu machen. Doch zunächst sollten Sie das Grundprinzip einer Seekarte verstehen. Eine Seekarte zeigt vor allem die Wasserflächen an. Häufig sind aber auch Ufer oder Küstengebiete eingezeichnet. Auch andere Arten von Land können auf einer Seekarte beinhaltet sein, beispielsweise Inseln. Wasserflächen sind blau gekennzeichnet. Bei einem ersten Blick auf eine Seekarte werden Sie erkennen, dass die unterschiedlichen Wasserflächen in unterschiedlichen Blautönen markiert sein können. Das liegt daran, dass die Intensität der Farbe die Flachheit und Tiefe des Wassers anzeigt. Je intensiver die blaue Farbe, desto flacher ist das Wasser. Geht das Blau sogar ins Grüne hinein, bedeutet das, dass das Wasser bei Niedrigwasser an dieser Stelle sogar ganz weg sein kann. Dies sind beispielsweise Bereiche, in denen Sie bei Niedrigwasser wattwandern könnten. Alle Flächen, die gelb sind, sind Landflächen.

Ein weiterer wichtiger Grundsatz: Die Wasserflächen sind auf einer Seekarte deutlich wichtiger und daher deutlich stärker mit Symbolen bestückt. Auf den Landflächen werden Sie Informationen nur sparsam erhalten. So finden Sie beispielsweise Informationen über wichtige Gebäude, allerdings selten über Restaurants, Kneipen oder Straßen. Staatsgrenzen und Brücken über Flüssen sind dennoch eingezeichnet. Die wichtigste Funktion einer Seekarte ist die Orientierung auf dem Wasser. Schon wenige Kilometer vom Ufer entfernt kann es nämlich sein, dass man den Blick auf das sichere Ufer völlig verliert. Für die Orientierung sind vor allem zwei Elemente wichtig: Ihre Position und die Richtung, in die Sie fahren wollen. Beim Navigieren sind schließlich genau das die beiden wichtigsten Fragen. Wo sind wir? Und wo wollen wir hin? Als wichtigstes Orientierungsmerkmal sind dabei die Tonnen zu nennen. Diese können sowohl auf dem Wasser als auch auf der Seekarte gefunden werden. Mit welchem Symbol Sie eine Tonne auf der Karte erkennen, lesen Sie im nächsten Abschnitt. Ein kleiner Hinweis noch, bevor es an die Deutung von Symbolen und Abkürzungen geht: Seekarten können entweder internationaler Natur sein oder für ein bestimmtes Land gestaltet worden sein. Entsprechend können die Abkürzungen unterschiedlich lauten. Einige Abkürzungen werden auf deutschen Karten genauso sein wie auf internationalen. Andere können sich jedoch unterscheiden. Achten Sie daher stets darauf, welche Abkürzung Sie nutzen und welche im jeweiligen Fall gefragt ist. Behalten Sie diese Information im Hinterkopf, um Verwechslung zu vermeiden. Übrigens benötigen Sie für die Prüfung keine eigene Seekarte. Sie bekommen eine solche Karte vom Prüfer. Anders sieht es beispielsweise mit dem Navigations-Besteck aus. Dieses müssen Sie in der Regel selbst mitbringen.

Deutung der Symbole

Seekarten leben von verschiedenen Symbolen. Sehr häufig müssen Sie die Symbole einfach auswendig kennen, weil Sie keine Gelegenheit haben werden, Sie nachzuschlagen oder eine Erklärung auf der Karte zu finden.

Grundsätzlich lässt sich festhalten, dass Symbole auf Seekarten zahlreiche Bedeutungen haben können. Viele von ihnen zeigen beispielsweise Ankerplätze an. Unter diesen Ankersymbolen wiederum unterscheidet man zwischen mehreren Varianten. So gibt es beispielsweise ein spezielles Symbol für Ankerplätze, für kleinere Schiffe oder auch für solche Plätze, die eine begrenzte Ankererlaubnis haben. Andere Symbole stehen beispielsweise für Leuchtfeuer, geben die Wassertiefe an, warnen vor Unterwasserkabeln oder setzen ein Ankerverbotszeichen. Seekarten beinhalten allerdings auch Zeichen für die Landgebiete und markieren dort beispielsweise Kirchen und andere Häuser. Auch Höhen, Richtlinien und Staatsgrenzen werden auf einer solchen Karte eingezeichnet. Eine ausführliche Tabelle mit den wichtigsten Symbolen finden Sie am Ende des nächsten Kapitels über den Link zur Website des BSH.

Abkürzungen auf Seekarten

Neben Symbolen finden Sie auf Seekarten auch zahlreiche Abkürzungen. Auch diese müssen Sie in der Regel schlichtweg auswendig lernen und im Ernstfall erkennen können. Hier finden Sie eine Übersicht der wichtigsten Abkürzungen:

Abkürzung	Deutscher Begriff	Englischer Begriff
Aero	Luftfahrtfeuer	Aero nautical light
Anl.	Anleger	Quay
Brk	Brücke	Bridge
Cy	Ton	Clay
Dir	Leitfeuer	Direction Light
DW	Tiefwasserweg	Deep Water route
f	feinkörnig	Fine
F	Festfeuer	Fixed
G	Kies	Gravel
HAT	Höchstmöglicher Gezeitenwasserstand	Highest Astronomical Tide
LAT	Niedrigstmöglicher Gezeitenwasserstand	Lowest Astronomical Tide
LtHo	Leuchtturm	Lighthouse
M	Seemeile	Sea mile
NSG	Naturschutzgebiet	Nature Reserve
P	Kleine Steine	Pebbles
Q	Funkelfeuer	Quick
VHF	UKW-Kanal	VHF Channel
Wd	Algen	Weed
Wk	Wrack	Wreck

Eine ausführliche Übersicht über Abkürzungen und Symbole auf Seekarten finden Sie auch in der Broschüre des BSH:

Dort finden Sie alle Angaben zur Topografie und allen anderen Bereichen der Seekarten. Beachten Sie jedoch stets Folgendes: Die Karten können für unterschiedliche Länder unterschiedlich gestaltet sein. So sind die Abkürzungen teilweise auf Landessprache verfasst oder die Bilder unterschiedlich. Sollten Sie in ausländischen Gewässern unterwegs sein, ist es daher immer ratsam, sich zuvor mit der Seekarte des Landes vertraut zu machen oder eine internationale Karte zu nutzen.

Praktisches Wissen

Nachdem Sie nun umfangreiches Theoriewissen erhalten haben, widmet sich dieses Kapitel den praktischen Aspekten. Wie wird ein Schiff geführt und welches Verhalten wird von einem Seefahrer erwartet? Welche Kollisionsverhütungsregeln und welche Manöver müssen Sie kennen? All das lernen Sie in diesem Kapitel. So werden Sie bestens auf die praktischen Fahrstunden und die praktische Prüfung vorbereitet.

Führung von Schiffen

Zu den wichtigsten praktischen Grundlagen gehört das Wissen über die Führung von Schiffen. Das richtige Führen eines Schiffes erlernen Sie vor allem in der Praxis. Allerdings müssen Sie stets beachten, dass es von Boot zu Boot kleine Unterschiede geben kann. Selbst bei Motorbooten gleicher Größe kann je nach Aufbau die Führung hier und da ein wenig anders sein. So gibt es beispielsweise Motorboote, die mit einem richtigen Steuerrad gelenkt werden, und andere, die mit einer Art Hebel nach links und rechts bewegt werden. Schon die Steuerung kann ungewöhnlich sein, wenn man eine andere Steuerung gewohnt ist. Das bedeutet einerseits, dass Sie sich beim Ausleihen eines neuen Bootes immer wieder neu orientieren müssen. Auf der anderen Seite sind die Basics jedoch immer gleich. Wenn Sie die Grundlagen verstanden haben, werden Sie sich schnell auch an neue Boote gewöhnen.

In der Prüfung wird getestet, ob Sie grundsätzlich dazu in der Lage sind, ein Schiff zu führen. Dabei zählt nicht nur, dass Sie die Sachen und Manöver richtig ausführen, sondern auch, dass Sie einigermaßen sicher am Steuer sind. Auch dies ist ähnlich wie beim Führerschein eines Kraftfahrzeugs. Der Prüfer möchte erkennen, dass Sie grundsätzlich wissen, was Sie tun. Natürlich werden Sie ein wenig nervös sein und das ist auch völlig in Ordnung. Die wenigsten Menschen sind in einer Prüfungssituation gar nicht nervös. Allerdings sollten Sie sich gut vorbereiten und grundsätzlich ein sicheres Verständnis vom Führen eines Schiffes haben.

Zum sicheren Führen eines Schiffes gehört es beispielsweise, sicher abzulegen. Schließlich müssen Sie das Schiff zunächst sicher aus dem Hafen bewegen. Das Ablegen und auch das sichere Anlegen werden daher in der Prüfung auf jeden Fall überprüft. Diese beiden Manöver gelten sogar als Pflichtmanöver. Mehr dazu lesen Sie später. Zwischen Ablegen und Anlegen gehört allerdings noch einiges mehr zum Führen eines Schiffes. So müssen Sie bestimmte Manöver kennen und grundsätzlich dazu in der Lage sein, das Boot in die Richtung zu Steuern, in die Sie fahren möchten. Auch das Umfahren von Hindernissen könnte relevant sein. Dazu gehört es natürlich auch, Hindernisse zunächst ordentlich zu erkennen. Auch deshalb ist beispielsweise das am Anfang erwähnte Zeugnis über ihre Sehkraft notwendig. Können Sie Hindernisse nicht genau ausmachen, müssen Sie eine Sehhilfe tragen. Sie sind für Ihre eigene Sicherheit und die aller anderen Verkehrsteilnehmer mitverantwortlich. Das Führen eines Schiffes, vor allem das Anlegen und Ablegen, beinhaltet auch das sichere Festbinden eines Bootes und das sichere Lösen. Schließlich müssen Sie das Boot nicht nur in den Hafen einfahren, sondern dort auch befestigen, damit es nicht forttreibt. Ihre Befestigung muss dabei einerseits stabil sein und darf andererseits andere Boote nicht gefährden.

Grundsätzlich können Sie sich das verlangte Wissen beim Führen eines Bootes so ähnlich vorstellen wie das Wissen, was zur Prüfung des Führens eines Kraftfahrzeuges verlangt wird. Man wird von Ihnen sehen wollen, dass Sie sicher am Steuer sind und sich einigermaßen auf den Seefahrtstraßen auskennen. Mit ausreichender Vorbereitung sollte Ihnen das problemlos gelingen.

Kollisionsverhütungsregeln

Um Sicherheit auf dem Wasser zu gewährleisten, sind sogenannte Kollisionsverhütungsregeln absolutes A und O. Sie gewährleisten ausreichend Sicherheitsabstand und richtiges Verhalten beim Aufeinandertreffen mit anderen Wassersportlern. Durch die Kollisionsverhütungsregeln sollen Unfälle weitgehend vermieden werden. Viele dieser Regelungen haben Sie bereits im Theorieteil kennengelernt. Viele Regelungen, die Kollision verhindern sollen, sind Ausweichmanöver. Ist vorgeschrieben, wie zwei Schiffe einander ausweichen sollen, kann sichergestellt werden, dass Unfälle weitgehend vermieden werden. Das gilt zumindest, insofern sich alle Verkehrsteilnehmer an die Regeln halten. Zu den Kollisionsverhütungsregeln zählen aber auch Gebote wie das Einhalten eines bestimmten Sicherheitsabstandes oder das vorsichtige Fahren im Generellen. Zu den wichtigsten Sicherheitsgrundsätzen gehört, dass stärkere Fahrzeuge auf schwächere Rücksicht nehmen sollen. Auch dies haben Sie bereits in einem vorangegangenen Abschnitt im Theorieteil gelernt. Sind Sie beispielsweise mit einem stärkeren Motorboot unterwegs, haben Sie besondere Rücksicht auf kleinere Paddelboote zu nehmen. Durch solche Vorsichtsmaßnahmen sollen nicht nur Kollisionen verhindert, sondern auch generell schwächere Verkehrsteilnehmer auf dem Wasser gesichert werden. Kollisionsverhütungsregeln müssen den Praxisteil der Prüfung sitzen. Sie müssen genau wissen, wie Sie sich im Einzelfall zu verhalten haben. Umsichtiges Fahren ist stets geboten. Ein Fehler, der die Sicherheit eines anderen Verkehrsteilnehmers auf dem Wasser gefährden könnte, kann Ihnen in der Prüfung schnell zum Verhängnis werden. Aber auch nach der Prüfung kann dies zu großen Schwierigkeiten führen. Schließlich möchten Sie Unfälle auf dem Wasser vermeiden. Nehmen Sie sich daher die Sicherheitsregeln stets zu Herzen.

Seeschifffahrtsstraßen-Ordnung

Die Seeschifffahrtsstraßen-Ordnung (SeeSchStrO) ist ein wichtiger Bestandteil des deutschen Seeverkehrsrechts und Schifffahrtsrechts. Sie dient der Ergänzung der internationalen Kollisionsverhütungsregeln. Allerdings gilt sie nur auf deutschem Raum. Außerdem gelten an wenigen Orten, die internationale Verbindungen haben, besondere Regelungen. So gilt beispielsweise am Bodensee eine besondere Ordnung. Auch in der Emsmündung gilt eine andere Regel. Hier greift die Schifffahrtsordnung Emsmündung. Sie stellt die Umsetzung eines bilateralen Vertrages mit den Niederlanden dar. Als rechtliche Grundlage für diese Ordnung gilt das Seeaufgabengesetz. Dieses regelt entsprechend seinem Namen die Aufgaben und Verantwortlichkeiten der einzelnen Bundesbehörden für die Schifffahrt. Dessen Grundlage wiederum ergibt sich aus Artikel 74, Artikel 87 und Artikel 89 des Grundgesetzes. Das Seeaufgabengesetz gilt als zentrale Ermächtigungsgrundlage für die Verordnungsgebung und Verwaltung auf dem Gebiet der Seeschifffahrt. Das bedeutet in einfachen Worten, dass dieses Gesetz die Grundlage dafür darstellt, weitere Ordnungen für die Regelung der Seeschifffahrt auf deutschem Gebiet zu erlassen. Die darauf basierende Seeschifffahrtsstraßen-Ordnung gilt für alle Verkehrsteilnehmer auf den Gewässern. Das bedeutet, dass auch Sportbootfahrer mit ihr vertraut sein müssen. Sie stellt sozusagen das Äquivalent der Straßenverkehrsordnung. Wer ein Boot fahren möchte, muss die Ordnung kennen. Ebenso muss jeder, der ein Auto fährt, mit der Straßenverkehrsordnung vertraut sein. Natürlich kann und muss man nicht jede einzelne Regel und jeden einzelnen Paragrafen auswendig kennen, allerdings sollte man mit den Grundlagen vertraut sein.

Die Seeschifffahrtsstraßen-Ordnung enthält eine Vielzahl verschiedener Bestimmungen. Darunter befinden sich zahlreiche allgemeine Bestimmungen, Bestimmungen zu Schallsignalen der Fahrzeuge, besondere Regelungen zum ruhenden Verkehr und besondere Vorschriften für den Nord-Ostsee-Kanal. Dies sind jedoch nur einige Beispiele. In den Anlagen dieser Ordnung sind außerdem Schifffahrtszeichen, Sichtzeichen, Schallsignale und eine Karte zum Geltungsbereich der Ordnung aufzufinden. Es ist daher durchaus sinnvoll, für jeden Bootsfahrer eine Ordnung zu Hause zu haben.

Paragraf 1 der Ordnung hält fest, wie weit der örtliche Geltungsbereich reicht. Dieser betrifft einerseits die Küstengebiete bis zu einer Linie von drei Seemeilen seewärts der Küstenlinie. Die einzig genannte Ausnahme davon ist die Emsmündung, in der die zuvor erwähnte Sonderordnung gilt. Darüber hinaus hat die Ordnung Gültigkeit über eine Grenze von drei Seemeilen sowie dort, wo die Wasser mit Tonnen des Lateralsystems gekennzeichnet sind. Das ist zum Beispiel in der Mündung der Jade und in der Mündung der Unterweser der Fall. Die Ordnung benennt weiterhin Binnenwasserstraßen, an denen sie ebenfalls Gültigkeit hat. Dazu gehören beispielsweise Teile der Weser, der Gieselaukanal, der Ryck bis zur Ostkante der Steinbecker-Brücke in Greifswald und

und Mythen gehören natürlich nicht zu den wichtigen Details der Sportbootprüfung. Allerdings kann es teilweise großen Spaß machen, sich ein bisschen näher mit der alten Seemannskultur in Verbindung zu setzen.

Viele Seemänner mögen auch heute noch kleine Mythen und Legenden. Der Zusammenhalt unter Seemännern basiert natürlich auf sehr viel mehr. Allerdings sind es häufig ulkige Geschichten und Scherze über den Aberglaube, die noch näher zusammenschweißen. Es kann auf jeden Fall nicht schaden, sich ein wenig mehr mit der alten Kultur zu befassen. Deutlich relevanter sind natürlich all die Bereiche, in denen es um Hilfe und ein vernünftiges Miteinander geht. Grundsätzlich sind Seemänner darauf angewiesen, einander zu helfen, und auch heute noch gehört es einfach zum guten Ton, sich so viel Unterstützung wie möglich zuzusprechen. Daher an dieser Stelle einfach der gut gemeinte Hinweis: Ein angenehmes Miteinander ist das A und O. Kommunizieren Sie mit anderen Wassersportlern und bleiben Sie immer freundlich und hilfsbereit. Man wird es Ihnen mit Sicherheit danken. Sie werden ein viel schöneres Erlebnis auf dem Wasser haben, wenn Sie sich mit anderen zusammenschließen und ein Miteinander pflegen, das für jede Partei angenehm und warm ist.

Grundlegendes zu Manövern und Hilfsmitteln in der Praxis

Bestimmte Richtungswechsel eines Schiffes oder Bootes werden Manöver genannt. Für die praktische Prüfung müssen Sie eine gewisse Anzahl an Basismanövern kennen. Die wichtigsten Grundinformationen zu Manövern werden Ihnen hier erklärt. In einem späteren Teil dieses Buches – im Teil zur praktischen Prüfung – lernen Sie Pflichtmanöver kennen. Wichtige Basismanöver, die Sie in der Praxis benötigen werden, lernen Sie bereits an dieser Stelle kennen. Auch ein paar grundsätzliche Tipps zu Manövern finden Sie hier.

Loggen

Als Log oder Logge wird ein nautisches Instrument bezeichnet, das für die Geschwindigkeitsmessung verantwortlich ist. Dieses Messgerät zeigt die Strecke an, die bereits im Wasser zurückgelegt wurde. Der Name kommt von der ursprünglichen Methode. So wurde in früheren Zeiten ein breites, schweres Holzbrett, das Logscheit, in Form eines Viertelkreis-Ausschnittes an einer Leine befestigt. Anschließend wurde es von einem bereits fahrenden Schiff hinaus ins Wasser geworfen. Das beschwerte Holzstück blieb nahezu an derselben Stelle im Wasser liegen, in der es eingeworfen wurde. Mit einem sogenannten Logglas – einer Art Sanduhr – wurde ein bestimmter Zeitraum abgewartet. Sobald die Zeit abgelaufen war, wurde die Länge der Leine bestimmt. Anschließend wurde die gesamte Konstruktion wieder an Bord gezogen. Die Geschwindigkeit des Schiffes ließ sich nun dadurch berechnen, dass man die zurückgelegte Strecke mit der dafür benötigten Zeit ins Verhältnis setzte. Früher wurde auf diese Art zusammen mit dem Kompass kurz die Ortsbestimmung eines Fahrzeuges gestaltet. Die ursprüngliche Variante der Logge wird auch Handlogge genannt. Im Laufe der Zeit entwickelte sich dieses Prinzip immer weiter. Heute noch gibt es moderne Formen der Logen, mit denen die Geschwindigkeit gemessen wird. Daneben sagen manche Logen auch etwas über die Veränderung der Strömungen aus.

Der richtige Umgang mit der Logge

Loggen finden sich auch auf modernen Sportbooten. Zwar bestehen sie heute nicht mehr aus Holzscheiten, sie sind aber immer noch wichtige Instrumente für die Geschwindigkeitsmessung. Der Umgang mit den Loggen muss daher gelernt sein. Jeder, der ein Sportboot führen möchte, muss beispielsweise dazu in der Lage sein, die Geschwindigkeit einer Logge zu entnehmen. In den praktischen Stunden werden Sie in der Regel einen Umgang mit den Loggen lernen. So kann es sein, dass in der Prüfung auch eine bestimmte Geschwindigkeit einzuhalten ist. Viele Sportbootfahrer glauben, dass die Logge nach der Prüfung nicht mehr relevant ist. Schließlich müssen sie später niemandem beweisen, wie schnell sie fahren. Allerdings könnte es trotzdem interessant sein, eine Logge weiterhin im Blick zu behalten. So können Sie regelmäßig überprüfen, ob Sie richtig liegen, wenn Sie ein Gefühl für die Geschwindigkeit haben. Da manche moderne Loggen außerdem auch etwas über Strömungsveränderungen aussagen, ist auch dies interessant.

Die Logge und das Logbuch

Die mithilfe von Loggen gemessene Fahrgeschwindigkeit wird traditionell in der Seefahrt archiviert und aufgezeichnet. Dies geschieht in einem sogenannten Logbuch. Neben der Fahrgeschwindigkeit wird in einem Logbuch auch anderes festgehalten. So werden beispielsweise täglich Ereignisse oder Vorgänge auf dem Schiff notiert. Grundsätzlich hat dies Ähnlichkeit mit einem Protokoll oder auch einem Tagebuch. Logbücher sind chronologisch aufgebaut. Genau wie Tagebücher sind sie außerdem nicht für die Veröffentlichung bestimmt. Ganz so privat wie ein Tagebuch ist das Logbuch dann aber doch nicht. Grundsätzlich dient es als Beweismittel. Auf vielen Gefährten ist das Logbuch verbindlich zu führen. Es gibt sogar gesetzliche Regelungen darüber. Historisch betrachtet sind Logbücher sehr wertvoll. Sie beinhalten zahlreiche wichtige Informationen, beispielsweise über wichtige Expeditionen der Geschichte der Menschheit. So weiß man vieles über die Expedition von Christoph Kolumbus beispielsweise aus seinem Logbuch. Auf Handelsschiffen sind Steuerleute für die Führung des Logbuches verantwortlich. Eine Pflicht zum Führen eines Logbuches ergibt sich auch im Sportbootbereich aus dem Schiffssicherheitsgesetz. Allerdings sind die Regelungen für alle Schiffe, die gewerblich fahren, deutlich strenger. Außerdem wird zwischen Schiffen unterschieden, die zwingend eintragungspflichtig sind, und solchen, die nicht zwingend ins Schiffsregister eingetragen werden müssen. Eintragungspflichtige Schiffe haben eine Mindestlänge von 15 Metern. Da die meisten Sportboote kürzer sind, fallen sie nicht in diese Kategorie. Für sie gelten grundsätzlich deutlich weniger strenge Pflichten zum Führen eines Schiffstagebuchs. Dennoch kann es auch für jeden Sportbootfahrer hilfreich und interessant sein, ein Logbuch zu führen.

In das Logbuch sind vor allem wichtige Informationen über die Position des Bootes, den Kurs, die Geschwindigkeit, aber auch die Wahrnehmung von außergewöhnlichen Umständen einzutragen. Sollte es einmal zu Unfällen oder Versicherungsfällen kommen, kann das Logbuch eine wichtige Beweisfunktion haben. Ein Logbuch ist außerdem aufzubewahren, auch wenn es nicht mehr im Einsatz ist. Nach dem Tag der letzten Eintragung muss es für die Dauer von drei Jahren aufbewahrt werden. Das gilt selbst dann, wenn das Schiff im Zwischenzeitraum verkauft wird. Von vielen Sportbootfahrern wird das Führen eines Logbuchs als unnötig empfunden. Tatsache ist jedoch, dass es in Einzelfällen sehr hilfreich und sinnvoll sein kann. Daher ist es durchaus ratsam, sich mit dem Führen eines Logbuchs vertraut zu machen. Eintragungen in ein Logbuch müssen wahrheitsgetreu sein. Die Angaben dürfen nicht verfälscht oder geändert werden. Auch dürfen keine Ereignisse eingetragen werden, die nicht tatsächlich stattgefunden haben. Zudem ist es nicht erlaubt, später Seiten herauszureißen oder Daten zu verändern. Auch darf nichts unleserlich gemacht werden. Das gilt selbst für Fehler. Sollte man sich in einem Logbuch dennoch einmal verschreiben oder einen Fehler machen, so muss die falsche Angabe durchgestrichen werden. Daneben kann dann die korrigierte Angabe gemacht werden. Durchgestrichene Fehler müssen allerdings noch zu lesen sein. Das bedeutet also, dass nichts komplett geschwärzt oder gar mit Weißmacher korrigiert werden darf. Wurde ein wichtiges Ereignis oder eine Angabe vergessen, kann es/sie nachträglich in das Logbuch eingetragen werden. Allerdings ist dies klar zu kennzeichnen.

Neben der möglichen Funktion als Beweismittel im Falle eines Unfalls hat das Logbuch aber auch noch andere Funktionen. So kann es beispielsweise der Schulung einer neuen Mannschaft dienen. Schließlich werden in das Logbuch auch alle möglichen Fehler aufgenommen. Da selbst die besten Seeleute einmal Fehler machen, wird sich im Logbuch sicherlich einiges finden, aus dem die Mannschaft lernen kann. Dieselben Fehler werden hoffentlich bei vielen nicht wiederholt. In Notfällen kann das Logbuch sogar dabei behilflich sein, die Rettung der Passagiere und der Besatzung zu gewährleisten. Schließlich ist im Logbuch häufig auch eine Angabe über die Anzahl der dort befindlichen Personen zu finden. Rettungskräfte können durch einen Blick in das Logbuch erkennen, ob alle Passagiere gerettet worden sind. Letztlich ist ein Logbuch auch für den Schiffsführer selbst interessant. Er kann seine eigenen Aufzeichnungen als Erinnerung nutzen. Außerdem kann er seine eigene

Entwicklung nachvollziehen, Erfahrungen sammeln und archivieren. Das macht es auch leichter, aus seinen eigenen Fehlern zu lernen. Aus diesem Grund sind Logbücher auch in anderen Bereichen beliebt. So führen zum Beispiel die meisten Gerätetaucher ein Logbuch. Gerätetaucher sind Taucher, die ein Drucklufttauchgerät, Kreislauftauchgerät oder ein Helmtauchgerät verwenden, um unter Wasser atmen zu können. Einfach gesprochen haben sie eine Atemgasversorgung dabei. Umgangssprachlich wird häufig von einer Sauerstofflasche gesprochen. Um ihre Erfahrungen zu sammeln und später nachvollziehen zu können, führen auch diese Wassersportler häufig Logbücher. Des Weiteren ist das Logbuch auch aus der Luftfahrt oder sogar der Medizin bekannt.

Koppeln

Als Koppeln bezeichnet man das Verbinden von zwei Booten. Wer ein Sportboot führen möchte, muss unter anderem auch dazu in der Lage sein, dieses mit einem anderen Objekt zu koppeln. Das kann entweder ein anderes Boot oder auch eine andere Art Wassergerät sein. Im Einzelfall werden diese Aktionen notwendig. So werden Boote beispielsweise aneinandergekoppelt, wenn ein größeres Boot ein kleineres mitzieht. Das kann beispielsweise sein, weil das kleine Boot nicht mehr alleine fähig ist, sich auf dem Wasser fortzubewegen. Möglicherweise handelt es sich um ein Segelboot, für das die Winde nicht günstig stehen. Da es nur gute Seemannschaft ist, einander zu helfen, ist dies ein wichtiger Bestandteil. Allerdings kann es auch für Sie selbst einmal notwendig sein, dass Sie das Koppeln beherrschen. Manche Menschen bewegen auch ein zweites ihrer eigenen Boote auf diese Art fort. So könnte man zum Beispiel ein Hausboot hinter ein größeres Sportboot koppeln. Für das Fahren mit gekoppelten Schiffen gibt es allerdings besondere Regelungen. Diese lassen sich in den Gesetzen zur Schifffahrt finden. In regionalen Gewässern kann es zudem besondere Bestimmungen geben. Grundsätzlich muss das sogenannte Schubschiff, also das antreibende Schiff, eine ausreichende Maschinenleistung besitzen, um trotz Koppeln eine gute Manövrierfähigkeit zu gewährleisten. Manchmal kann es sogar notwendig sein, ein Boot in einem Hafen an ein anderes zu koppeln. Das ist vor allem dann der Fall, wenn die Häfen sehr voll sind. Das Befestigen des Bootes an einem anderen unterscheidet sich nur wenig von dem Festmachen an einem Hafen. Allerdings benötigt es einige gezielte Manöver, um sich dem anderen Boot richtig zu nähern. Genau deshalb ist dies auch Teil der prüfungsrelevanten Einheiten. Außerdem sollten Sie ein paar Vorsichtsmaßnahmen beachten.

Grundsätzlich sollten Sie stets ein Schiff auswählen, das aussieht, als würde es Sie empfangen. Das ist in der Regel ein Schiff, das eine ähnliche Länge besitzt. Idealerweise ist es ein klein wenig größer. Auch die Höhe des Freibords sollte mit dem Ihres Bootes vergleichbar sein. Dies dient einerseits der Sicherheit, andererseits auch dem Komfort. Koppeln Sie Ihr Schiff an ein anderes, müssen Sie schließlich unter Umständen über dieses Schiff hinüberklettern, um an Land zu gelangen.

Definition Freibord:
Das Freibord ist der Höhenunterschied zwischen dem Wasserstand und dem Hauptdeck des Bootes.

Definition Decks:
Ebenen auf Schiffen werden Decks genannt. Das Hauptdeck ist das höchste voll durchgehende Deck auf dem Schiffsrumpf. Aufbauten liegen über dem Hauptdeck.

Natürlich müssen Sie beim Annähern auch darauf achten, dass Sie keine empfindlichen Punkte eines anderen Bootes treffen oder beschädigen. Lassen Sie immer ausreichend Platz für Bewegung, auch nach dem Koppeln. Schließlich kann es bei unruhigen Wasserverhältnissen immer dazu kommen, dass die Boote in Bewegung stehen. So sollte Ihr Boot möglichst weit entfernt von empfindlichen Teilen des anderen Bootes sein. Boote müssen so miteinander verknüpft werden, dass sie auch bei starkem Wellengang und schlechten Witterungsbedingungen möglichst nicht so aneinanderschlagen, dass empfindliche Teile gebrochen werden könnten. Genau aus diesem Grund gilt es auch, ein Boot mit einem möglichst ähnlichen Gewicht zu finden. Haben Sie beispielsweise ein sehr schweres Schiff aus Stahl oder Holz, sollten Sie es nicht mit einem zerbrechlichen Boot paaren. Umgekehrt sollten Sie sich auch kein schweres Schiff aussuchen, wenn Sie sich mit einem kleinen, zerbrechlichen Boot nähern. Auf den ersten Blick sind starke, stabile Boote besonders verlockend. Schließlich scheinen sie sicher und fest im Hafen zu sein. Sie erscheinen dadurch als eine sichere Anlagemöglichkeit. Auch hier könnte es jedoch sein, dass Wellengang oder die Wetterbedingungen dafür sorgen, dass das starke Boot Ihrem zerbrechlichen Boot Schaden zufügt.

Beim Koppeln sind auch besondere Umgangsformen zu beachten. Grundsätzlich ist es üblich, ein Boot zu akzeptieren. Manchmal wird es sogar verlangt, weil keine andere Möglichkeit besteht. Dennoch gehört es sich, den Kapitän stets höflich zu bitten, wenn man an seinem Boot ankoppeln möchte. Man sollte nicht einfach davon ausgehen, dass man ein fremdes Boot andocken darf. Dies gilt vor allem dann, wenn der Kapitän an Bord und zu sehen ist. Außerdem sollte man bei seiner Ankunft möglichst sauber und ruhig manövrieren. Es macht keinen guten Eindruck, wenn man nicht ordentlich manövrieren kann. Das Nachbarboot könnte sonst den Eindruck bekommen, dass das zweite Boot Schaden anrichtet. Informieren Sie sich stets, wann das Boot den Hafen verlassen muss. Verlässt das Boot, an das Sie Ihr Boot gekoppelt haben, den Hafen in kurzer Zeit, müssen Sie sicherstellen, dass Sie für den Hafenwechsel in Reichweite sind. Bleiben Sie entweder an Bord oder stellen Sie sicher, dass Sie zu der Zeit wieder da sind. Seien Sie unbedingt früher an Bord, als man von Ihnen erwartet. Nur so können Sie sicherstellen, dass es wirklich keine Probleme gibt. Bereiten Sie außerdem alles möglichst zeitnah vor, damit das eigentliche Manövrieren sehr sauber und schnell durchgeführt werden kann. Wenn möglich, sollten Sie stets bei Tag ankoppeln. Ist dies nicht möglich und Sie müssen es in der Dunkelheit machen, sollten Sie besonders ruhig und diskret vorgehen. Schließlich möchten Sie niemanden wecken.

Neben dem eigentlichen Verbinden von zwei Booten werden Sie unter Umständen auch einmal mit dem Begriff Koppelnavigation oder Koppelung konfrontiert. Dabei handelt es sich um eine Navigationsart eines bewegten Objektes, die auf Bewegungsrichtung und Geschwindigkeit basiert. Die Koppelnavigation ist jedoch kein grundsätzlicher Teil der Sportbootprüfung. Allerdings sollten Sie grundsätzlich mit dem Begriff vertraut sein, damit es keine Verwirrung gibt, falls er Ihnen einmal begegnet. Bei der Koppelnavigation wird der Kurs mit einem Kompass gemessen. Die Geschwindigkeitsmessung erfolgt mithilfe des Logs.

Peilungen

Das Peilen oder die Peilung ist eine Navigationsform, die in der Prüfung ebenfalls relevant wird. Hier wird mit Hilfe eines Kompasses gearbeitet. Mit dem sogenannten Peilkompass wird ein Ziel angepeilt, das sich in unmittelbarer Umgebung befindet. Der Prüfer bestimmt das Ziel. Allerdings werden nur solche Objekte gepeilt, die auch in Karten enthalten sind. Dazu gehören beispielsweise Seezeichen oder Türme. Beim Peilen wird ein Kompass an einem gerade ausgestreckten Arm gehalten. Auf die Art wird er gegen ein Ziel gehalten, um das Ziel anzupeilen. Um den eigenen Standort zu bestimmen, werden 2 Ziele angepeilt, die beinahe im rechten Winkel zueinander stehen. Dort, wo sich ihre sogenannten Standlinien kreuzen, ist der aktuelle Standort. In der Prüfung kann es vorkommen, dass die Peilung in die Seekarte eingetragen wird. Das Peilen eines Ziels wird als einfaches Peilen oder einfache Peilung beschrieben. Wird der eigene Standort mithilfe eines Peilkompasses bestimmt, nennt sich dies Kreuzpeilung.

Manöver in der Praxis lernen

Die meisten Manöver lernen Sie am besten in der Praxis. Im späteren Verlauf dieses Buches lernen Sie mehr über die Pflichtmanöver in der Prüfung. Das eigentliche Üben erfolgt in den praktischen Fahrstunden. Die praktischen Übungen können Sie durch keine Theorie ersetzen. Daher soll Ihnen bereits an dieser Stelle nahegelegt werden: Üben Sie so oft wie möglich. Fahren Sie mit befreundeten Seefahrern hinaus, um die Manöver in Echtzeit zu sehen. Auch wenn Sie dabei noch nicht selbst Hand anlegen dürfen, kann es sehr hilfreich sein, einem erfahrenen Bootsführer dabei zuzusehen. So prägen sich die Manöver und die generellen Verhaltensweisen weitaus besser ein, als wenn Sie nur über sie lesen. Wenn Sie nicht die Möglichkeit haben, selbst auf ein Boot zu steigen, kann es auch hilfreich sein, andere Boote vom Ufer aus zu beobachten oder Videos zu den wichtigsten Manövern zu schauen.

Die Prüfung

Nach all dem Hintergrundwissen geht es im Folgenden um die eigentliche Prüfung. In den nächsten Abschnitten lernen Sie alles, was Sie über die Prüfung als solche wissen müssen. Mit zahlreichen Beispielfragen werden Sie sehen, welche Details in den Prüfungen regelmäßig abgefragt werden. So können Sie sich bestens auf den Inhalt und das Bestehen des Tests vorbereiten. Natürlich gilt das nicht nur für die theoretische Prüfung. Auch über die praktische Prüfung werden Sie einiges erfahren. Lesen Sie weiter – viel Spaß und Erfolg beim Vorbereiten!

Theorie und Praxis

Die Prüfung des Sportbootführerscheins ist in einen theoretischen Teil und einen praktischen Teil aufgeteilt. In der Theorie werden Sie eine Reihe von Fragen beantworten müssen. Hierbei handelt es sich um Multiple-Choice-Fragen. Das bedeutet, dass Sie neben der Frage auch eine Reihe von Antwortmöglichkeiten sehen werden. Sie müssen dann nur noch die passende Antwort auswählen. Auf den ersten Blick kann dies die Prüfung vereinfachen, doch Multiple-Choice-Fragen können besonders knifflig sein. Das ist immer dann der Fall, wenn Sie eine Reihe von Antwortmöglichkeiten haben, die sich alle sehr ähnlich sind. Es kann gut sein, dass Sie zwei oder mehrere Antworten sehen, die sich nur in einem kleinen Detail unterscheiden. Daher kommt es häufig auf präzises Wissen an. Im Anschluss müssen Sie einen praktischen Teil bestehen. Hierbei wird nicht das theoretische Wissen getestet. Vorrangig geht es darum, wie gut Sie in der Praxis das Boot führen können. Natürlich benötigen Sie das theoretische Wissen als Hintergrund, allerdings kommt es hier mehr auf praktisches Geschick an. Wichtig ist außerdem, dass Sie ein Verständnis für die wichtigsten Regeln im Umgang mit anderen Teilnehmern des Wasserverkehrs haben.

Generelle Prüfungshinweise und Tipps

Bevor es an die Details der theoretischen Prüfung und der praktischen Prüfung geht, hier ein paar generelle Hinweise. Prüfungen können sehr stressige Situationen sein. Es ist daher nur allzu verständlich, dass Sie nervös sein werden. Auch wenn im Verhältnis vielleicht nicht so viel auf dem Spiel steht wie beispielsweise bei Schulprüfungen oder solchen in der Universität, kann eine Prüfung beim Sportbootführerschein ebenfalls sehr viele Nerven kosten. Es gibt jedoch einige Aspekte, mit denen Sie starker Nervosität entgegenwirken können. Bereiten Sie sich beispielsweise ausreichend auf die Prüfung vor. Wer ordentlich gelernt hat und sich ausreichend vorbereitet fühlt, wird mit stärkeren Nerven in die Prüfung gehen.

Vor der Prüfung ist ausreichend Schlaf wichtig. Sorgen Sie auch dafür, dass Sie nicht mit der Masse in die Prüfung gehen und ausreichend Wasser mitnehmen. Die Prüfungen dauern zwar nicht sehr lange, dennoch können diese so angenehm wie möglich gestaltet werden. Sie wollen nicht zusätzlich zum Nervenstress noch Durst oder Hunger leiden. Wenn Sie ausgeschlafen sind und einen klaren Kopf haben, lässt es sich viel leichter schreiben. Denken Sie vor allem vor der Theorieprüfung daran, dass viele der Multiple-Choice-Antworten sehr ähnlich sein können. Lesen Sie die Fragen daher aufmerksam durch, bevor Sie antworten. Achten Sie dabei auch auf alle Details. Flüchtigkeitsfehler können Sie schnell reinreiten. Dabei sind gerade diese Fehler einfach zu vermeiden, wenn Sie sorgfältig vorgehen. Sollten Sie die Prüfung trotz ausreichender Vorbereitung nicht bestehen, ist das selbstverständlich nicht das Ende Ihrer Sportbootkarriere. Sie haben jederzeit wieder die Möglichkeit, sich erneut anzumelden. Allerdings kostet eine neue Prüfung auch neues Geld. Aus finanzieller Sicht ist es da ebenfalls besser, sich ausreichend vorzubereiten als zu riskieren, mit halbem Herzen die Prüfung zu schreiben.

Theoretische Prüfung

Sie beginnen mit dem Inhalt der theoretischen Prüfung. Die praktische Prüfung wird schließlich auf Ihrem theoretischen Wissen aufbauen. Wie auch beim Erwerb des KFZ-Führerscheins benötigen Sie für den Erwerb eines Sportbootführerscheins zunächst die erfolgreich bestandene Theorieprüfung. Die theoretische Prüfung ist in zahlreiche Fragen unterteilt. Die Fragen lassen sich in sogenannte Basisfragen und sogenannte spezifische Fragen einteilen. Die Basisfragen kommen immer aus dem gleichen Pool von Fragen. Die spezifischen Fragen sind je nach Führerschein unterschiedlich. Beginnen Sie beispielsweise mit dem Sportbootführerschein See, beziehen sich die spezifischen Fragen stets auf das Fahren an Küstengebieten und auf offenem Gewässern. Ein theoretischer Prüfungsbogen enthält zunächst sieben Basisfragen. Von diesen sieben Basisfragen müssen Sie mindestens fünf richtig beantworten. Im Anschluss finden Sie 23 spezifische Fragen, von denen mindestens 18 richtig beantwortet werden müssen. Für alle Fragen haben Sie gemeinsam 60 Minuten Zeit. Im Folgenden lernen Sie einige der Basisfragen und einige der spezifischen Fragen kennen. So können Sie sich orientieren, was tatsächlich in der Prüfung drankommen könnte.

Basisfragen

In diesem Abschnitt lernen Sie zunächst die Basisfragen kennen. Die Basisfragen decken mehrere Themengebiete ab, die generell beim Führen eines Bootes relevant sind. Diese Themengebiete sind sowohl auf Binnengewässern als auch beim Fahren auf offener See relevant. Hierzu gehören beispielsweise Fragen rund um das Wetter oder zum Umweltrecht.

Regelungen zum Verkehrsrecht

Hier finden Sie eine Reihe von Beispielfragen, die zum Verkehrsrecht gehören. Diese Fragen sind Teil des Pflichtkataloges. Sie sind Basisfragen und müssen in jedem Fall für die Prüfung beherrscht werden. Das Seeverkehrsrecht umfasst die Summe aller geschriebenen und ungeschriebenen Regeln. Die geschriebenen Regeln sind die sogenannten Verkehrsvorschriften. Diese lassen sich in den gesetzlichen Normen wiederfinden. Dort geht es beispielsweise um die Kollisionsvermeidung auf Schifffahrtsstraßen. Als einer der wichtigsten Grundsätze gilt Paragraf 3, Absatz 1 der Seeschifffahrtsstraßenordnung. Dort steht: Verkehrsteilnehmer haben sich so zu verhalten, dass Sicherheit und Leichtigkeit des Verkehrs gewährleistet sind. Weiterhin dürfen andere Verkehrsteilnehmer nicht geschädigt oder gefährdet werden. Auch dürfen andere Verkehrsteilnehmer nicht mehr behindert oder belästigt werden, als den Umständen nach unvermeidbar ist. Grundsätzlich bedeutet dies, dass umsichtiges und rücksichtsvolles Fahren geboten ist. In der Ordnung steht weiterhin, dass Verkehrsteilnehmer, insbesondere die Vorsichtsmaßnahmen-Regelungen zu beachten haben, die Seemannsbrauch oder besondere Umstände erfordern. Dieser Abschnitt wird auch als sogenannte Seemännische Sorgfaltspflicht bezeichnet. Eine der bedeutendsten Prüfungsfragen in der Theorie lautet: Was bedeutet seemännische Sorgfaltspflicht? Die richtige Antwort dazu lautet: Seemännische Sorgfaltspflicht bezeichnet die Verpflichtung zur Beachtung von Vorsichtsregelungen, die über die Verkehrsvorschriften hinausgehen, die Seemannsbrauch oder besondere Umstände des Einzelfalls voraussetzen. Zum Thema Seemannsbrauch haben Sie bereits einiges in einem vorherigen Abschnitt gelernt. Ein weiteres Beispiel zu diesem Thema: So ist es beispielsweise nicht verboten, mit Kindern ohne Rettungsweste zu segeln. Allerdings geht es gegen guten Seemannsbrauch und auch gegen das vernünftige Denken eines sorgfaltsbewussten Menschen, Kinder ohne Rettungsweste mit auf ein Schiff zu nehmen. Das gleiche Prinzip lässt sich anwenden, wenn ein Sturm aufzieht. Es ist grundsätzlich nicht verboten, bei nahendem Sturm zu segeln. Allerdings geht auch das gegen guten Seemannsbrauch und natürlich gegen gute Sorgfaltspflicht. Grundsätzlich kann hier ein Hinweis sein: Haben Sie bereits ein Gefühl, dass irgendetwas an der Situation nicht ganz passt, sollten Sie sich auf dieses Gefühl verlassen. Im Ernstfall kann es sogar zu einem Bußgeld kommen, weil Paragraf 3 der Seeschifffahrts-Ordnung dem Verhalten widerspricht. Das Bundesverkehrsministerium hat zudem eine Broschüre herausgegeben zum Thema Sicherheit auf dem Wasser. Auf der Website des Bundesamtes für Seeschifffahrt und Hydrographie kann man außerdem Beispiele für gute Seemannschaft nachlesen. Dies ist allerdings kein abschließender Katalog. Das bedeutet, es gibt noch weitere Beispiele für gute Seemannschaft, die über das auf der Website angegebene hinausgehen. Eine weitere wichtige Frage zur Verkehrssicherheit lautet: Welche Sicherheitsmaßnahmen muss der Fahrzeugführer im Rahmen seiner seemännischen Sorgfaltspflicht vor Fahrtantritt durchführen? In der Prüfung wird dabei nach Sicherheitsmaßnahmen zum eigenen Schutz und für die Sicherheit der anderen Personen, die sich an Bord befinden, gefragt. Als Antwort darauf wird angegeben, dass der Fahrzeugführer alle Besatzungsmitglieder und Gäste über alle Sicherheitsvorkehrungen an Bord zu unterrichten hat. Dazu gehört beispielsweise, dass er sie in die Handhabung von Rettungsmitteln und Feuerlöschmitteln einzuweisen hat. Auch muss er sie auf alle Maßnahmen hinweisen, die einem Überbordfallen entgegenwirken können.

Weitere Basisfragen rund um die Sicherheit auf dem Wasser beziehen sich beispielsweise auf den erlaubten Blutalkoholgehalt beim Führen eines Fahrzeugs oder auf die Lichterführung. Außerdem kann es Fragen zum Manövrieren und zum Ausweichen auf dem Wasser geben. Letztlich werden Ihnen in diesem Teil auch zahlreiche Fragen zu Signalen und Verkehrsschildern begegnen.

Schiffsführung

Viele der Basisfragen befassen sich auch mit der Schiffsführung. Auch zu diesem Bereich gehört grundsätzlich eine Frage, die nach der Eignung zur Schiffsführung fragt. So ist beispielsweise eine der wichtigsten Fragen: Wann darf ein Sportboot weder geführt werden noch dessen Kurs oder Geschwindigkeit selbstständig bestimmt werden? Die richtige Antwort lautet, dass dies dann nicht erlaubt ist, wenn eine sichere Führung behindert ist. Für die Behinderung werden auch Gründe angegeben, wie etwa eine Behinderung infolge eines körperlichen oder geistigen Mangels oder infolge des Genusses alkoholischer Getränke oder anderer berauschender Mittel. Die Schiffsführung ist ein wichtiger Bereich. Das betrifft nicht nur die Prüfungen, sondern auch die Praxis. Schließlich ist es wichtig, dass jeder, der ein Boot führt, weiß, wann er dazu in der Lage ist und wann nicht. Er muss sich auch darüber im Klaren sein, welche Verantwortung mit der Schiffsführung einhergeht. Fragen zur Schiffsführung testen, ob der Prüfling grundsätzlich weiß, welche Verantwortung, Pflichten und Risiken mit dem Führen eines Bootes einhergehen und ob er entsprechend nach ihnen handeln wird.

Umweltrecht

Ein sorgsamer Fahrer muss auch den Bereich Umweltrecht kennen. Auch Fragen, die damit im Zusammenhang stehen, gehören zu den Basisfragen der Prüfung. Zum Umweltrecht gehören beispielsweise auch Fragen, die sich mit Abstandsregelungen befassen. Sie haben dahingehend bereits gelernt, dass Sie beispielsweise von Schilf und anderen Wasserpflanzen Abstand halten müssen. Auch Lichtbelästigung oder Lärmbelästigung kann Teil des Umweltrechtes sein. Umfassende Fragen in diesem Rahmen gehören allerdings nicht zu den Basisfragen des Sportbootführerscheins. Dennoch kann es Ihnen in der Praxis hier und da begegnen. So ist es möglich, dass Sie zum Beispiel zu bestimmten Zeiten keinen großen Lärm verursachen dürfen. So verlockend das Bild von einer Party auf einer Yacht mitten bei Nacht auch sein mag: Dies ist eher etwas für einen Hollywoodfilm. In der Realität dürften Sie in vielen Gebieten aufgrund von Schallgrenzen keinen großen Lärm mehr in der Nacht erzeugen. Das dient häufig dem Nachbarschaftsschutz, teilweise auch dem Schutz der Umwelt und der Natur. Informieren Sie sich am besten vor Ort stets über die örtlichen Vorschriften.

Schiffstechnik

Auch im Bereich der Schiffstechnik gibt es einige Fragen, mit denen Sie sich auskennen müssen. Schiffstechnik wurde in diesem Buch noch nicht ausführlich behandelt, die wichtigsten Grundlagen der Schiffstechnik haben Sie jedoch kennengelernt. Keine Sorge: Viele dieser Fragen sind nicht allzu kompliziert. In diesem Abschnitt werden Sie die Grundlagen der einzelnen Fragen kennenlernen, damit Sie auf die Prüfung bestmöglich vorbereitet sind. Vieles davon wiederholen Sie jedoch auch in der Praxis. Schließlich müssen Sie grundsätzlich die Schiffstechnik verstehen, um ein Boot überhaupt steuern zu können.

Ankern

Die Schiffstechnik umfasst beispielsweise Kenntnisse über das **Ankern**. So müssen Sie in der Praxis teilweise sicher mit dem Anker umgehen können, vor allem aber müssen Sie auch die Theorie verstehen. Ein Anker ist eine Einrichtung, die das Abtreiben des Schiffes verhindern soll. Durch ein hohes Gewicht und eine spezielle Form hält der Anker im Boden des Gewässers. Er ist mit einer Kette oder Leine mit dem Schiff oder Boot verbunden und hält das Boot so mehr oder weniger an Ort und Stelle. Ein leichtes Hin- und Herdrehen des Schiffes durch Wind kann sich jedoch nicht verhindern lassen. Dies wird auch als Schwojen bezeichnet. Der Vorgang, unter dem das Wasserfahrzeug mit einem Anker befestigt wird, wird als *Ankern* bezeichnet. Für das Ankern kann es diverse Gründe geben. Einerseits lassen sich damit Gebühren sparen (wenn man das Docken an einen Hafen vermeiden möchte), andererseits kann der Vorgang auch notwendig sein, wenn es keine ausgestellten Stellplätze gibt. Viele Segler genießen das Ankern außerdem, weil man einfach weiter von der Küste und damit von den Menschenmassen entfernt ist. Man erhält mehr Stille und Einsamkeit. Vielen Bootsführern geht es beim Ankern auch um die Nähe zur schönen Natur. Bei der Wahl des richtigen Ankerplatzes sollte man zuerst eine passende Bucht suchen. Diese sollte bei allen erwartenden Wasserständen tief genug sein. Man muss sich also zuvor darüber informieren, wie hoch das Wasser bei Ebbe und wie hoch das Wasser bei Flut steht. Danach muss der richtige Platz innerhalb dieser Bucht gesucht werden. Auch der richtige Platz wird zunächst anhand der Wassertiefe herausgesucht. Der beste Platz sollte so viel Raum lassen, dass das Boot bei jedem erwarteten Wasserstand einmal um die eigene Achse schwoiten (von Schwojenbewegungen) kann. Das bedeutet, man sollte nicht genau an der Stelle ankern, an der das Wasser von der Küste zur See hin gerade so tief ist, dass das Boot auch bei Ebbe schwimmt. Dreht es sich einmal um die Ankerachse, muss es immer noch schwimmen können und darf nicht auf Grund laufen. Außerdem muss der Wind stabil sein. Idealerweise ist der Ankerplatz ordentlich geschützt, so dass nicht mit einem starken Winddrehen gerechnet werden muss.

Dazu gehört selbstverständlich auch das Studieren der Wettervorhersage. Auch sollte man sich mit den Strömungen am Ankerplatz vertraut machen. Letztlich spielt auch die Bodenbeschaffenheit eine Rolle. Diese entnimmt man entweder den eigenen Augen, wenn das Wasser so klar ist, dass man auf den Untergrund schauen kann, oder aber einer Seekarte. In der Regel bieten Sand, Lehm oder Schlick als Boden sehr gute Gründe. Schwieriger wird es, wenn es sich um Seegras, Geröll oder Korallen handelt. Außerdem wird generell empfohlen, nicht bei mehr als 20 Meter Wassertiefe zu ankern. Spätestens bei 30 sollte Schluss sein. Das liegt zum einen daran, dass man sich dann in einer Tiefe befindet, in der man zur Not immer noch mit einem Tauchgang den Anker entfernen könnte. Sollte dieser sich doch einmal im Boden verfangen und nicht mehr zu lösen sein, kann das notwendig sein. Zudem lassen sich aufgrund der physikalischen Verhältnisse von Wind und Wasser Anker mit zunehmender Tiefe häufig schwerer aus dem Boden entfernen. Je tiefer der Anker gefallen ist, desto schwieriger wird es, ihn an Bord zu holen. Da Anker ohnehin bereits ein hohes Gewicht verzeichnen, kann es also ordentlich Muskelkraft und Anstrengung kosten, den Anker wieder hochzuhieven. Um sich die eigenen Mühen zu ersparen, sollte man daher nicht allzu tief ankern.

Zum Thema Anker muss man auch den Kettenvorlauf kennen. Je mehr Kette auf dem Meeresboden liegt, desto besser hält der Anker. Der Kettenvorlauf kann Bewegung und Reibung am Boden dämpfen. Außerdem sorgt er dafür, dass der Zug am Anker waagerecht auftritt. Der Kettenvorlauf sollte daher idealerweise die **dreifache Länge** der Wassertiefe betragen. Wird mit einer Leine geankert, muss sogar die **fünffache Länge** genommen werden. Beide Informationen gehören übrigens zu den **wichtigsten Basisfragen der Prüfung**. Wenn Sie wissen möchten, ob Ihr Anker hält, legen Sie die Hand auf die Ankerkette oder Leine. Ist kein Rucken zu verspüren, dann hält der Anker.

Weitere wichtige Themen im Bereich Schiffstechnik sind beispielsweise Treibstoff und unterschiedlich drehende Propeller. So unterscheidet man beispielsweise zwischen einem sogenannten rechtsdrehenden Propeller und einem linksdrehenden Propeller. Ein rechtsdrehender Propeller dreht sich in Vorausfahrt im Uhrzeigersinn. Ein linksdrehender Propeller dreht sich in Vorausfahrt gegen den Uhrzeigersinn. Auch diese Informationen müssen Sie unter Umständen in der Prüfung beantworten können. Die Kenntnis der Propellerdrehrichtung ist deshalb von Bedeutung, da sie beim Manövrieren hilft. Zum Thema Treibstoff müssen Sie beispielsweise wissen, dass Sie bestimmte Dinge beim Tanken beachten müssen. So müssen Sie beim Tanken stets den **Motor abstellen** und dürfen auch **keine elektrischen Schalter** betätigen. Außerdem ist es wichtig, dass Sie Vorbereitungen gegen das Überlaufen von Kraftstoff treffen. Letztlich ist stets zu vermeiden, dass es ein offenes Feuer in der Nähe der Tankstellen gibt. Dies kennen Sie jedoch sicherlich auch vom Autofahren, wenn Sie einen KFZ-Führerschein besitzen. Der Tankstand ist

Prüfung wird es relevant sein, sich mit den wichtigsten Signalen auseinanderzusetzen. Dazu gehören vor allem auch Seenotsignale. Es ist allerdings nicht nur wichtig, zu wissen, wie die Signale aussehen, sondern auch, wann Sie sie anwenden dürfen. Auch Gebotszeichen und Verbotszeichen sollten Sie kennen. Es kann durchaus sein, dass Sie im theoretischen Teil ein Bild zu Gesicht bekommen und bestimmen müssen, welche Art von Gebot oder Verbot dieses Schild aussagt. Außerdem kann man Sie danach fragen, welche Boote bei welchen Umständen welche Lichter zu führen haben.

Kollisionsverhütungsregeln

Kollisionsverhütungsregeln gehören zu den wichtigsten Regelungen der Sicherheit. Auch diese Regelungen fallen in den Bereich der speziellen Fragen. Fragen zur Kollisionsverhütung beinhalten beispielsweise rechtliche Grundlagen oder auch praktische Informationen. Dazu gehören auch, wie Sie ausweichen, das **Manöver des letzten Auswegs** und ähnliche Details.

Verhaltenspflichten

Ein weiteres Thema der speziellen Fragen sind die Verhaltensregeln. Hier gibt es einige Verhaltenspflichten, die Sie kennen müssen. Zu den wichtigsten Informationen der spezifischen Fragen gehören auch die Verhaltenspflichten. Hierzu gehören alle grundlegenden Informationen, die Sie auch im Laufe des Buches bereits erhalten haben – alle Informationen, die sich damit befassen, wie Sie sich grundsätzlich gerecht auf See verhalten. Dazu gehören beispielsweise Fragen zur Seemannschaft. Verhaltenspflichten können besondere Sicherheitsvorkehrungen bei schlechten Wetterverhältnissen beinhalten, aber auch grundlegende Fragen zur allgemeinen Schiffsführung. Letztlich soll mit diesem Bereich sichergestellt werden, dass Sie wissen, welche besonderen Umstände auf offener See oder in Küstengebieten dazu führen könnten, dass Sie Ihr Verhalten zu verändern haben. Das gilt beispielsweise, wenn Sie sich einen geeigneten Ankerplatz suchen oder wenn Sie sich weiter von der Küste entfernen. Grundsätzlich werden Sie feststellen, dass viele dieser Fragenbereiche Überschneidungen haben. Daher lassen sich keine der Fragen tatsächlich in eine bestimmte Kategorie einteilen. Inhaltliche Überschneidungen gibt es immer, sowohl zwischen den einzelnen Fragenbereichen als auch zwischen den Basisfragen und den spezifischen Fragen. Die Einteilung erfolgte in diesem Buch jedoch trotzdem, da es hilfreich ist, sich einen groben Überblick über die verschiedenen Kategorien zu verschaffen. So können Sie sehen, welche grundlegenden Kenntnisse von Ihnen verlangt werden. Häufig lässt es sich leichter lernen, wenn man bestimmte Details in Kategorien einteilen kann.

Praktische Prüfung

Nun geht es an die praktische Prüfung. Hier werden wir Schritt für Schritt durchgehen, welche Manöver, Knoten und ähnliche Fertigkeiten in der praktischen Prüfung abgefragt werden können. So werden Sie nach dem umfangreichen Theoriewissen auch bestens auf den praktischen Teil der Prüfung vorbereitet.

Pflichtmanöver

Jede Prüfung beinhaltet sogenannte Pflichtmanöver. Dies sind Manöver, die Sie auf jeden Fall beherrschen müssen. Sie kommen in der Prüfung kaum daran vorbei. Bei diesen Manövern handelt es sich um solche, die auf der Fahrt später für Sie besonders wichtig sein könnten. So gehören beispielsweise das Ablegen und das Anlegen zu den Pflichtmanövern. Auch Rettungsmanöver sind hier erfasst. An dieser Stelle erhalten Sie einen kleinen Einblick in die Pflichtmanöver.

Ablegen

Das Ablegen vom Steg gilt als eines der wichtigsten Manöver in der praktischen Prüfung. Schließlich beginnt die praktische Prüfung genau damit. Hier zeigen Sie direkt, ob Sie Sicherheitsmaßnahmen und Vorsichtsmaßnahmen verstanden haben. Das Ziel des Manövers ist es, das Boot möglichst ohne Schrammen und mit einigermaßen großer Sicherheit vom Steg wegzubekommen. Gleichzeitig sollten Sie dafür sorgen, dass niemand von der Crew oder von potenziellen Gästen Gefahr läuft, über Bord zu fallen. Auch andere Verletzungen wie das Fallen vom Steg oder auch nur das Quetschen eines Fingers sollten bei diesem Manöver vermieden werden. Das bedeutet, dass Sie das Boot relativ sicher und möglichst ohne zahlreiche Korrekturen Hände aus dem Hafen bekommen sollten. Grundsätzlich gibt es viele verschiedene Möglichkeiten, aus dem Hafen heraus zu manövrieren. Tatsächlich gibt es theoretisch sogar mehr als 15 verschiedene Varianten.

Für die Prüfung müssen Sie allerdings nur 2 lernen. Grundsätzlich dürfen Sie sich in der Prüfung sogar aussuchen, welches Manöver Sie nutzen möchten. Beide der erlernten Manöver werden als richtiges Manöver bewertet. Das erste Manöver ist das einfache Ablegen. Es gilt als das leichtere Manöver. Das einfache Ablegen wird dann benutzt, wenn vor und hinter dem eigenen Boot ausreichend Platz ist. Das bedeutet, es muss mindestens die Hälfte bis zu einer ganzen Bootslänge Platz sein. Erst dann darf ein anderes Hindernis oder ein anderes Boot zu befürchten sein. Ist jedoch kein Platz vorhanden oder zu wenig, sollte dieses Manöver nicht genutzt werden. Es ist außerdem dann ungeeignet, wenn starker seitlicher Wind oder großer Wellengang zu sehen ist. Auch Wind, der schräg von hinten kommt, ist normalerweise ein Hindernis. Diese Details können das Manöver nicht nur erschweren, sie können auch dafür sorgen, dass der Prüfer in der Prüfungssituation sieht, dass Sie nicht ganz das richtige Manöver ausgewählt haben. Das bedeutet nicht, dass Sie deshalb gleich durch die Prüfung fallen. Der Prüfer wird dies jedoch im Hinterkopf behalten. Das einfache Ablegen erfolgt am Steg. Das Boot ist wahrscheinlich mit 2 bis 4 Leinen am Steg festgebunden. In der Regel werden Sie bei der Prüfung nicht alleine an Bord sitzen. Sie haben also eine Schiffsmannschaft an Bord. Diese dürfen Sie gerne dazu anweisen, bestimmte Leinen zu lösen. Dabei sollten Sie immer an klare Kommandos denken.

Sind alle Mitglieder auf Position, können Sie den Motor starten. Scheint alles ruhig und normal zu laufen und haben Sie freie Fahrt, bewegen Sie die erste Leine. Die erste Leine, die losgelassen wird, ist immer die sogenannte Achter-Leine. Dies ist die Leine, die das Boot hinten festhält. Als Kommando rufen Sie schlichtweg „Alle Leinen los und einholen". Ihr Crew-Mitglied wird diesen Befehl wiederholen, als Zeichen, dass Sie verstanden wurden. Hören Sie von Ihrem Mitglied nicht, dass der Befehl verstanden wurde, müssen Sie warten. Zur Not müssen Sie den Befehl wiederholen. Im Anschluss geben Sie den Befehl, die andere Leine, die Vorleine, einzuholen. Ist das Boot vom Steg gelöst, müssen Sie es nur noch sicher herauslenken. Das bedeutet, Sie fahren sehr langsam und vorsichtig los. Geben Sie nur langsam Gas und lenken Sie sorgsam. Erst wenn Sie sicher vom Steg weg sind, sollten Sie etwas mehr Gas geben. Fahren Sie in einem möglichst weiten, geschwungenen Bogen hinaus. So halten Sie Sicherheitsabstände ein und fahren mit einer guten Geschwindigkeit in einem sorgenfreien Schwung aufs Wasser hinaus.

Das alternative Manöver lautet: Eindampfen in die Vorspring. Dieses Manöver wird dann verwendet, wenn vor oder hinter dem eigenen Boot so gut wie gar kein Platz zu anderen Booten oder zu anderen Hindernissen ist. Es ist außerdem dann praktisch, wenn starker Seitenwind oder starker Seegang herrscht. Es gibt keine Situation, in der dieses Manöver grundsätzlich nicht verwendet werden sollte. Unter ruhigen und günstigen Verhältnissen ist das erstgenannte Manöver jedoch einfacher. Dieses Manöver ist vergleichbar mit dem Parken beim Autofahren: Es geht darum, vorsichtig – notfalls auch rückwärts – in einen geeigneten Platz hineinzufahren. Später müssen Sie aus dieser „Parklücke" für Ihr Boot auch wieder sicher herausfahren. Dabei müssen Sie ein wenig hin und her manövrieren. Alle Manöver bis ins letzte Detail zu beschreiben, würde den Rahmen dieses Buches sprengen. Am besten lernen Sie dies ohnehin in der praktischen Ausbildung. An dieser Stelle sollten Sie dennoch ein grundlegendes Verständnis dafür haben, welche Unterschiede es zwischen einzelnen Varianten gibt und welche Manöver für Sie verpflichtend sind. So können Sie sich bereits entsprechend darauf vorbereiten.

Anlegen

Das Anlegen am Steg ist das letzte Manöver der praktischen Prüfung. Hierbei wird festgestellt, ob der Prüfling es schafft, sicher an den Steg anzulegen, ohne dass dabei Leute gefährdet werden oder das eigene Boot irgendeinen Schaden nimmt. Zunächst müssen Sie dafür überlegen, ob Sie mit Backbord oder Steuerbord anlegen. Je nachdem, welches Boot Sie fahren, kann das von Bedeutung oder völlig frei wählbar sein. Das hängt letztlich also davon ab, welches Boot Sie in der praktischen Prüfung fahren. Ob dies bei Ihrem Boot Relevanz hat oder nicht, werden Sie allerdings bereits vor der Prüfung wissen. Schließlich wird auch das Teil der praktischen Stunden sein. Da das Anlegen je nach Bootstyp unterschiedlich ist, wird es hier keine allgemeine Erklärung geben. Sie lernen dies, wie gesagt, in den praktischen Stunden auf jeden Fall. Außerdem wäre es fatal, wenn Sie sich an dieser Stelle das falsche Manöver einprägen. So unterscheiden sich die Manöver in den Motorboottypen zwar nur in Kleinigkeiten, allerdings in wichtigen Kleinigkeiten.

Die Gefahr, dass Sie diese Manöver verwechseln, wenn Sie sich zuvor ein falsches einprägen, ist da ist ziemlich groß. Das würde dann bedeuten, dass Sie in der Prüfung ein sehr einfaches Manöver nicht bestehen. Das kann an der Stelle einen sehr schlechten Eindruck hinterlassen. Bevor Sie sich daher verwirren lassen, sollten Sie in den praktischen Stunden auf das Manöver achten, das Ihnen für das jeweilige Boot mitgegeben wird. Prägen Sie sich dieses, und nur dieses, ein. Benötigen Sie später andere Manöver, weil Sie andere Boote fahren, können Sie sich diese immer noch im Nachhinein aneignen. An dieser Stelle soll aber ein Hinweis darauf gegeben werden, dass das Anlegen immer das letzte Manöver ist. Sorgen Sie dafür, dass Sie hier noch einmal völlig konzentriert arbeiten. Wer jetzt nachlässig ist, wird in der praktischen Prüfung womöglich keinen Erfolg haben. Es ist ein großer Fehler, zu denken, dass die Prüfung bereits vor dem Anlegen geschafft ist. Das sichere Anlegen ist schließlich eine besonders wichtige Aufgabe des Fahrers eines Bootes. Also heißt es an der Stelle: noch einmal tief durchatmen und ein letztes Manöver sicher durchführen.

Rettungsmanöver

Zum Sportbootfahren gehören in der Pflichtprüfung auch Rettungsmanöver mit dem Motorboot. Zu diesen Manövern gehört das Verständnis eines bestimmten Grundprinzips. In der praktischen Ausbildung wird das wichtigste Rettungsmanöver das *Rettungsmanöver mit Antriebsmaschine* genannt. Auch dieses lernen Sie selbstverständlich in den praktischen Fahrstunden. Das Manöver ist deshalb Teil des Pflichtprogramms, weil das Überbordfallen von einem Boot besonders gefährlich ist. Schließlich gehört zu einem Motorboot in der Regel eine drehende Schraube, die zu gefährlichen Verletzungen führen kann, wenn man mit ihr in Berührung kommt. Da heißt, dass es das oberste Ziel ist, den Kontakt mit der Schraube zu vermeiden. Davon abgesehen können natürlich auch Wellengang sowie die Flora und Fauna für besondere Risiken sorgen. Das Rettungsmanöver soll also Verletzungen vermeiden, wenn tatsächlich einmal jemand über Bord geht. Die Situation ist in der Regel die folgende: Das Boot fährt vorwärts und eine Person geht über Bord.

In der Prüfung wird dies eine Boje sein. Die Mannschaft meldet, dass die Boje über Bord ist. Die Mannschaft wird außerdem melden, auf welcher Seite die Boje über Bord gegangen ist, beispielsweise Steuerbord. Im Rahmen des Rettungsmanövers wird der Gashebel in den Leerlauf gestellt und am Steuerrad wird so gedreht, dass sich das Heck von der Boje entfernt. Dann werden Rettungsmittel ausgeworfen und der Ausguck wird besetzt. In dem Moment ist die Gefahr gebannt, dass die über Bord gefallene Boje in die Schraube gerät. Normalerweise läuft das Boot dann noch ein Stück weiter, da es den Rückwärtsgang nicht eingeschaltet hat. Man kommt also erst ein wenig weiter entfernt von der Boje zum Stehen.

Die größte Gefahr ist durch dieses Rettungsmanöver jedoch trotzdem gebannt, daher kann man die größere Entfernung in Kauf nehmen. Im tatsächlichen Notfall müsste man jetzt natürlich dem über Bord gefallenen Passagier zu Hilfe kommen. Um die Boje zu erreichen, müssen Sie versuchen, gegen den Wind anzusteuern. Nur dann ist das Boot richtig manövrierfähig. Sie werden also in einem Kreis fahren müssen und die Boje von der anderen Seite ansteuern. Befinden Sie sich auf einem fließenden Gewässer, dann fahren Sie nicht gegen den Wind, sondern gegen den Strom. Dabei ist zu beachten, dass der Strom meistens sogar stärkere Auswirkungen als der Wind hat. Es kann also durchaus schwierig sein, das Manöver richtig durchzuführen. Die Details dazu lernen Sie allerdings in den praktischen Fahrstunden.

Wichtig ist, sich zu merken, dass man bei dem Fahren im Kreis einen ausreichenden Sicherheitsabstand hält und einen groß geschwungenen Kreis durchführt. Das ist einerseits wichtig, da man den über Bord gegangenen Passagier beziehungsweise die Boje nicht gefährdet, und andererseits, damit man ausreichend Raum zum Manövrieren hat. Bevor man die Boje wieder aufnimmt, muss man das Kommando geben: klarmachen zum Aufnehmen der Boje. Außerdem muss auch gesagt werden, auf welcher Seite man die Boje wieder aufnehmen möchte, also Backbord oder Steuerbord. Dann arbeitet die ganze Mannschaft zusammen, um die Boje wieder an Bord zu holen. Wie bereits erwähnt, werden Sie die ganzen Details in der praktischen Ausbildung lernen. Es schadet allerdings nie, sich auch in der Theorie damit vertraut zu machen.

Steuern nach Kompass

Über das Navigieren mit dem Kompass haben Sie im vorangegangenen Kapitel bereits einiges gelernt. Daher an dieser Stelle nur noch einmal ein letzter Hinweis, dass Sie mit dem Kompass steuern werden müssen. Wie das funktioniert, haben Sie auch bereits in einem vorherigen Kapitel grundsätzlich erfahren.

Peilen

Auch das Peilen haben Sie bereits gelernt. Auch dies wird ein wichtiger Bestandteil der Prüfung sein. Es gehört zu den Pflichtmanövern, weshalb Sie sich das Peilen genau anschauen sollten. Allerdings wiederholen Sie auch das in den praktischen Stunden.

Sonstige Manöver

Neben den Pflichtmanövern gibt es noch sonstige Manöver, die Sie kennen sollten. Einige dieser Manöver sollen hier kurz erläutert werden. Denken Sie daran: Hierbei handelt es sich nicht um Pflichtmanöver, die auf jeden Fall Teil der praktischen Prüfung sind. Dennoch ist es sinnvoll, diese Manöver gut zu studieren. Probieren Sie sie gern auch in Ihren Fahrstunden aus. Nur durch das praktische Lernen werden Sie sie tatsächlich beherrschen lernen.

Zu den wichtigsten sonstigen Manövern gehören die folgenden:

- Kursgerechtes Aufstoppen
- Wenden auf engem Raum
- Fahren nach Schifffahrtszeichen und Landmarken
- Anlegen einer Rettungsweste und eines Sicherheitsgurtes
- Manöverschallsignale

Das erste hier genannte Manöver ist ein klassisches Standardmanöver, das sehr häufig genutzt wird. Dieses Manöver dient dem Bremsen. Aufstoppen bedeutet nichts anderes als Vollbremsung. Im Straßenverkehr würde man dieses Manöver eine Vollbremsung nennen. Es wird dann relevant, wenn man so richtig in Fahrt unterwegs ist, also beispielsweise über das Wasser mit hoher Geschwindigkeit hetzt. Es kann immer mal in der Realität vorkommen, dass man gut Fahrt aufgenommen hat und plötzlich einen Grund sieht, hart abzubremsen. Das kann aufgrund anderer Verkehrsteilnehmer sein oder auch aufgrund der eigenen Sorglosigkeit. Wer einfach nur Gas wegnimmt, wird das Boot noch eine ganze Weile weitertreiben lassen.

Damit sich der Bremsweg verkürzt, muss man das Boot also zum Stoppen bringen. Der Prüfer wird in der Praxis also auch wirklich genau das sehen wollen. Der Prüfling muss zeigen, dass er in der Lage ist, das Boot möglichst schnell möglichst stark anzuhalten. Auch hier muss man natürlich mit einer Warnung beziehungsweise einem Kommando beginnen. Das Manöver kann man in mehreren Schwierigkeitsstufen durchführen. In der Prüfung darf man es sich gerne so einfach wie möglich machen. Allerdings ist es ratsam, dennoch mit der schwierigsten Variante zu lernen. Eine Vollbremsung ist sehr viel leichter, wenn das Boot geradeaus fährt. Deshalb sollte man das Boot zunächst in die Geradeausfahrt lenken. Dann wird das Boot in den Leerlauf gelegt, schließlich soll das Gas komplett weggenommen werden.

Im Anschluss wird in den Rückwärtsgang gelegt. Was auf der Straße komplett verboten wäre, da es Motor, Getriebe und auch umliegenden Verkehr gefährden würde, ist auf dem Wasser also durchaus erlaubt. Im Grunde muss man sogar durch den Rückwärtsgang bremsen, da man keine andere Möglichkeit hat, zu einem Stopp zu kommen. Sobald das Boot zum Stehen gekommen ist, muss der Leerlauf wieder eingelegt werden. Die größte Fehlerquelle ist hier, zu lange zu warten. Das Boot soll auf keinen Fall beginnen, rückwärtszufahren. Der Rückwärtsgang wird nur zum Gegensteuern eingelegt. Das Boot soll nicht mehr vorwärtsfahren, sondern deutlich an Tempo verlieren. Ein leichtes Treiben ist allerdings noch in Ordnung. Sobald man sich dem Stehen sicher nähert, sollte man den Leerlauf wieder einlegen. Wartet man damit, bis das Boot rückwärts treibt, ist dies schlecht. Schließlich läuft man dann in der Praxis immer Gefahr, dass ein anderer Verkehrsteilnehmer hinter einem liegt. Dem soll man sich selbstverständlich nicht nähern.

Auch das Wenden auf engem Raum ist eines der wichtigsten Manöver. Hier wird der Prüfer eine geeignete Stelle aufsuchen. Das Wenden lernen Sie am besten in der Praxis. Lassen Sie es sich von Ihrem Prüfer ausgiebig erklären.

Das Fahren nach Schifffahrtszeichen und Landmarken verlangt ein großes theoretisches Wissen. An dieser Stelle wird also in der praktischen Prüfung nicht nur die praktische Kunst abverlangt. Hier wird der Prüfer sehen, wie gut Sie sich mit den Zeichen und Landmarken auskennen. Auch das Lesen von Seekarten kann dabei relevant sein.

Das Anlegen einer Weste oder eines Gurtes gehört selbstverständlich zu den Grundlagen. Dies dient nicht nur Ihrer eigenen Sicherheit, sondern auch der Sicherheit Ihrer Gäste und Passagiere und Mannschaft. Auch deshalb wird der Prüfer Sie fragen, ob Sie dies beherrschen.

Letztlich kann es sogar sein, dass der Prüfer von Ihnen Manöverschallsignale sehen möchte. Auch diese werden Sie in der praktischen Ausbildung ausreichend lernen. Nachfolgend hierzu eine Übersicht:

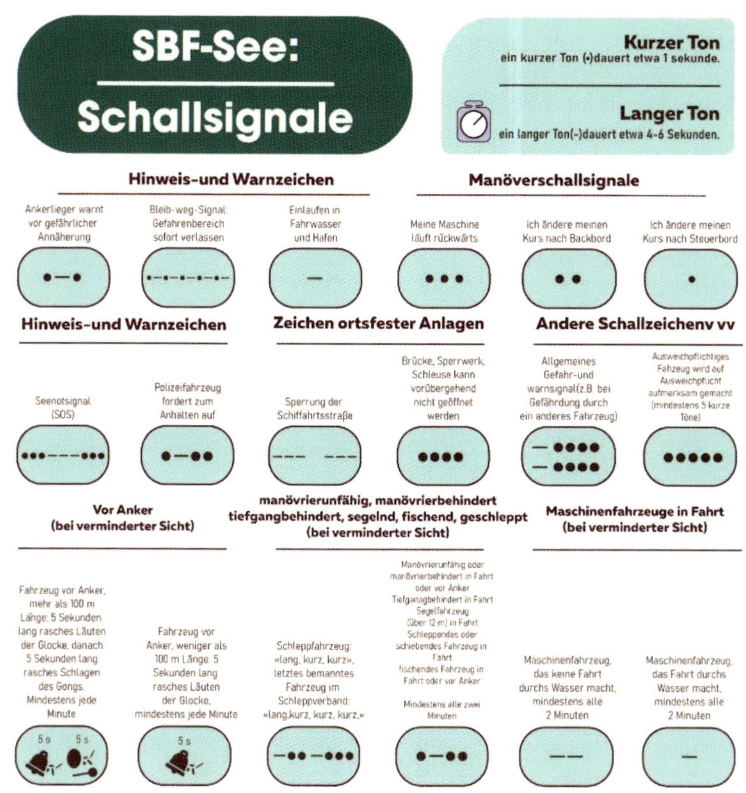

Grundsätzlich werden Sie in der Prüfung drei verschiedene Aufgaben durchführen müssen. Von den drei verlangten speziellen Manövern müssen mindestens zwei mit einem ausreichenden Ergebnis durchgeführt werden. Ein kleiner Fehler wird Ihnen also nicht die Prüfung beenden. Allerdings sollten Sie sich darüber hinaus keine schwerwiegenden Fehler erlauben. Mindestens zwei der Manöver müssen so sicher durchgeführt werden, dass Sie für den Wasserverkehr ausreichend sind.

Knoten

Seemannsknoten sind immens wichtig. Sie dienen dazu, Boote miteinander zu verknüpfen oder sicher am Steg zu befestigen. Auch für viele Verhaltensweisen und Manöver an Bord sind die Knoten relevant. Dies gilt umso mehr, wenn es sich um ein Segelboot handelt. Aber auch beispielsweise für das Ankern oder andere Manöver sind für Sie Knoten von großer Bedeutung. Sie werden in der Regel so gebunden, dass sie sicher festhalten, aber auch einfach zu lösen sind. Dies ist für das schnelle Agieren an Bord notwendig. Es gibt eine Reihe verschiedener Seemannsknoten mit verschiedenen Anwendungsgebieten. Manche von den genannten Knoten können auf verschiedene Arten und Weisen angebunden werden, andere haben nur einen ganz spezifischen Hauptzweck. In der praktischen Prüfung wird man von Ihnen verlangen, Knoten zu binden. Außerdem müssen Sie wissen, wofür die Knoten angewendet werden. Daher wird der Prüfer Sie auch fragen, wann Sie diesen Knoten verwenden würden.

Zu den wichtigsten Seemannsknoten gehören die folgenden:

- **Achtknoten**
- **Kreuzknoten**
- **Palstek**
- **Einfacher Schotstek**
- **Doppelter Schotsteck**
- **Stopperstek**
- **Webleinstek**
- **Webleinstek auf Slip**
- **Rundtörn mit zwei halben Schlägen**
- **Belegen einer Klampe mit Kopfschlag**

In der Prüfung wird der Prüfer Ihnen maximal 7 Aufgaben geben. Er wird Ihnen den Namen des Knotens geben und von Ihnen sehen wollen, dass Sie ihn beherrschen. Im Anschluss werden Sie erklären müssen, wofür Sie diesen Knoten einsetzen. Von den maximal sieben gestellten Knoten-Aufgaben müssen Sie mindestens sechs richtig haben. Ähnlich wie bei den Manövern dürfen Sie sich also auch hier einen Fehler erlauben. Alle Seemannsknoten an dieser Stelle zu erläutern, würde den Rahmen des Buches sprengen. Allerdings wird man Ihnen in der Praxis die hier genannten wichtigsten durchaus nennen und nahebringen. Üben Sie die Knoten auf jeden Fall zu Hause.

Es empfiehlt sich auch, so zu üben, dass man die Knoten teilweise selbst ohne hinzuschauen binden kann. Das benötigen Sie nicht für die Prüfung, allerdings ist es in der späteren Praxis durchaus hilfreich. Sollten Sie wirklich einmal aufgrund der Wetterverhältnisse oder anderer besonderer Umstände schnell handeln müssen, ist es hilfreich, wenn Sie nicht lange überlegen und vielleicht gar nicht so sehr auf Ihre Hände schauen müssen. Sie werden überrascht sein, wie gut sich Bewegungen in Ihrem Körper einprägen. Besorgen Sie sich also ein Stück Seil oder ein stabiles Stück Schnur, mit dem Sie solche Knoten zu Hause üben können.

Hier sehen Sie eine Auswahl der bekanntesten Seemannsknoten:

Achtknoten

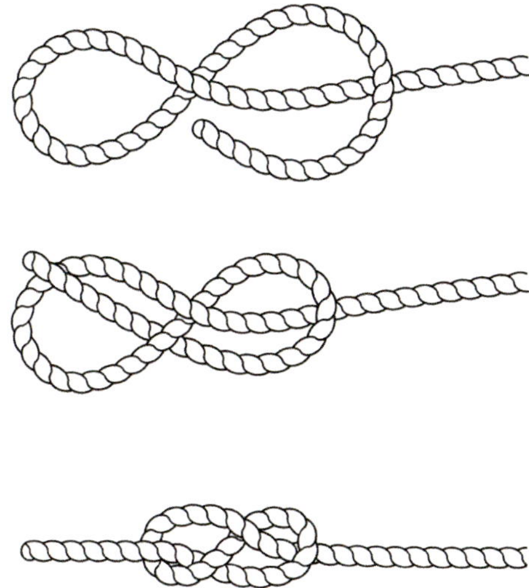

Kreuzknoten

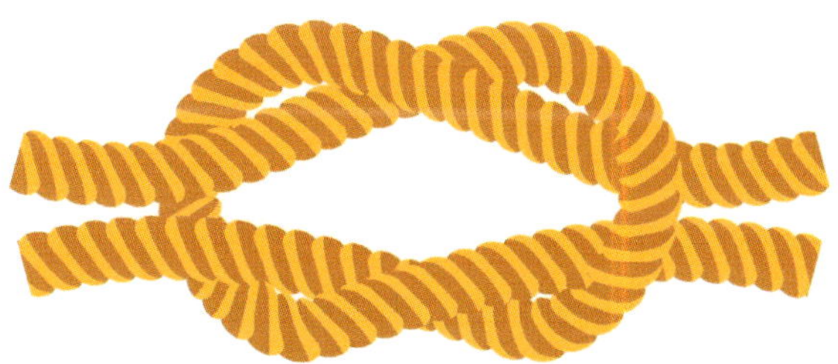

Palstek

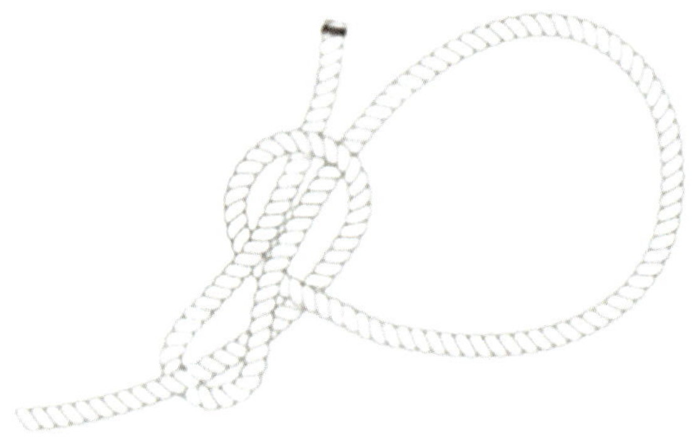

Einfacher Schotstek

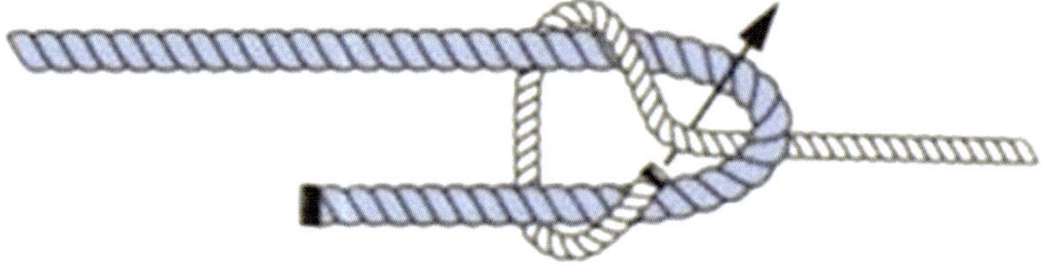

Doppelter Schotstek

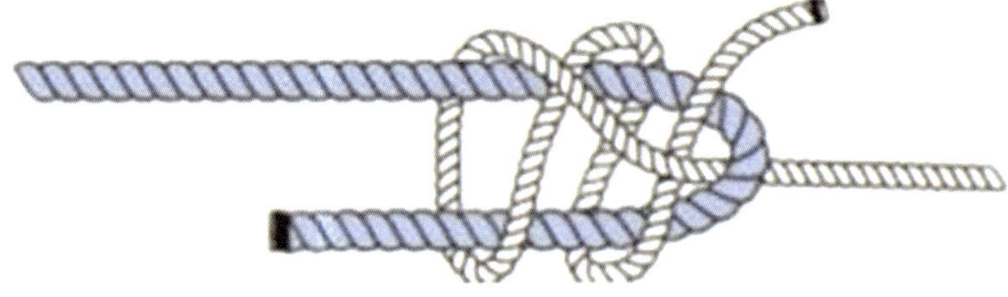

Stopperstek

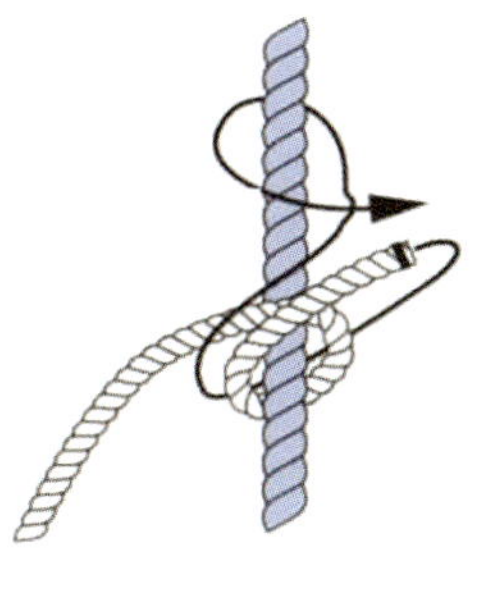

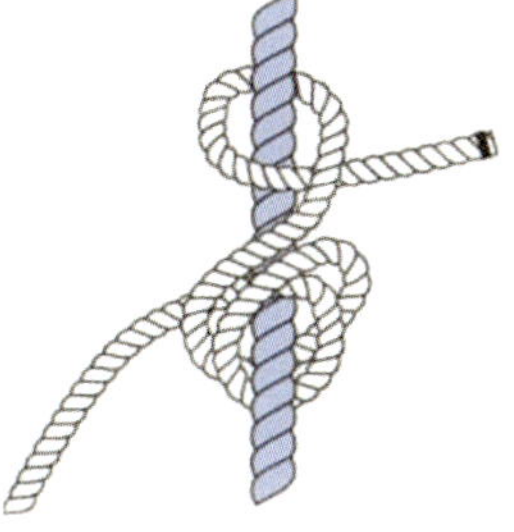

Webleinstek

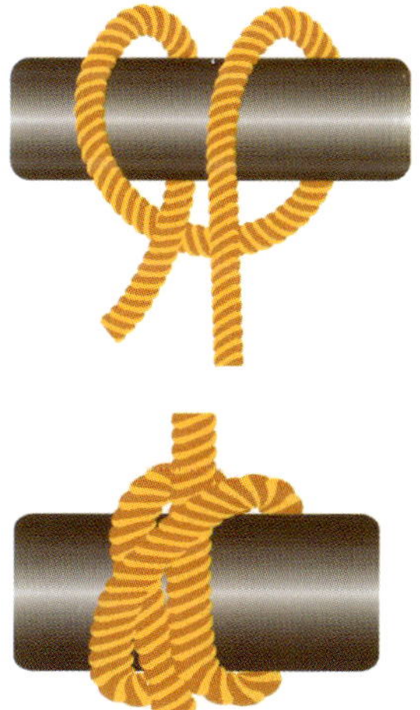

Webleinstek auf Slip

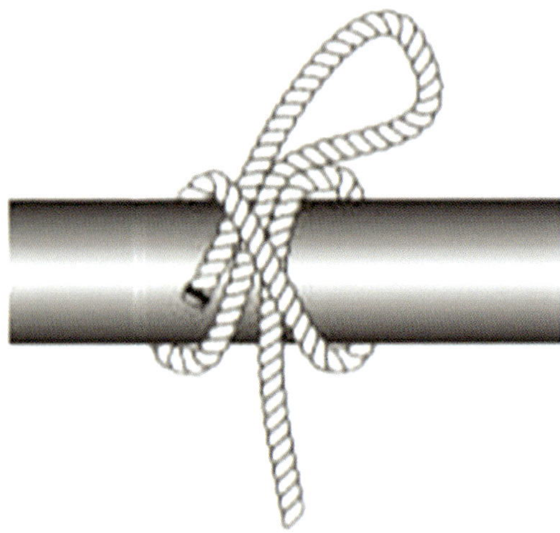

1 ½ Rundtörn mit zwei halben Schlägen

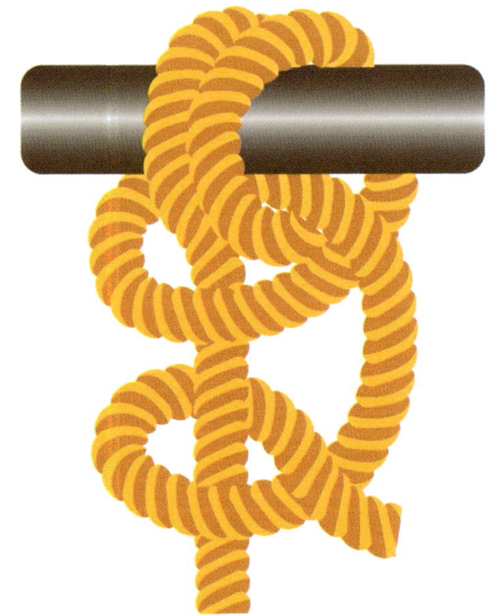

Belegen einer Klampe mit Kopfschlag

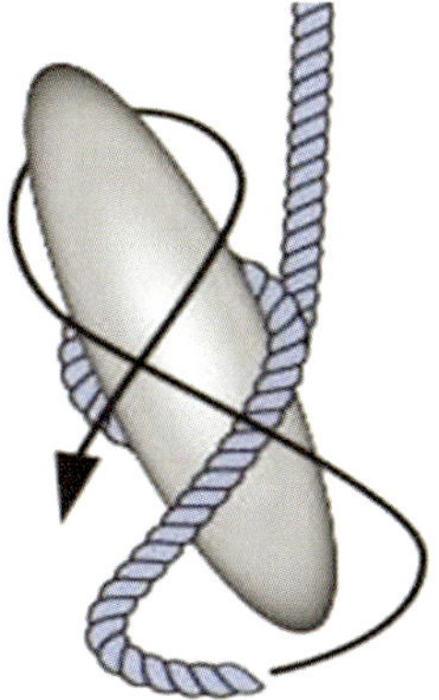

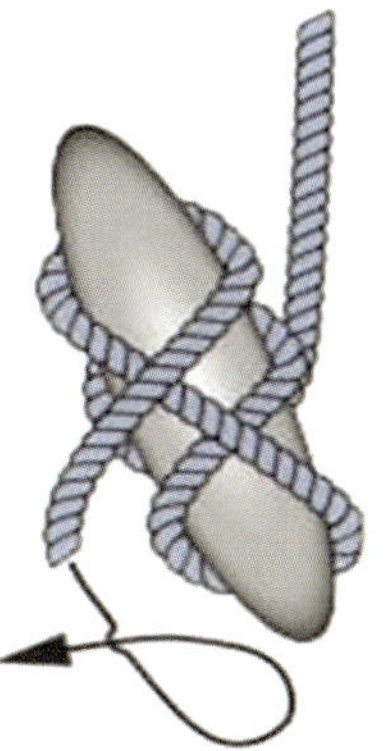

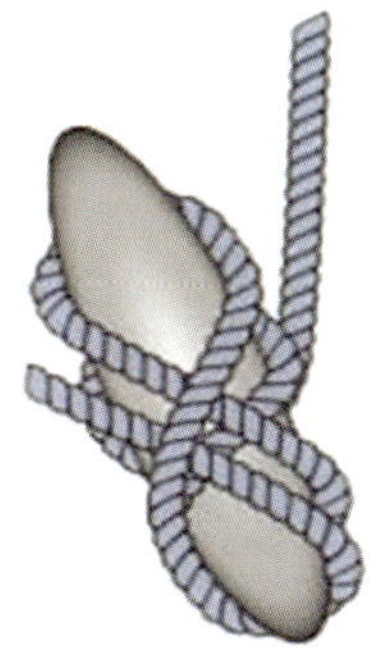

Die Übungsprüfung

In diesem Abschnitt erhalten Sie eine Übungsprüfung, mit der Sie lernen können. Testen Sie Ihr eigenes Wissen und schauen Sie, wie erfolgreich Sie in dieser Prüfung gewesen wären! Derartige Tests sind eine wunderbare Möglichkeit, herauszufinden, auf welchem Level Sie sich derzeit befinden. Sie werden dabei auch schnell erkennen, in welchen Bereichen Sie sich noch mehr Hintergrundwissen aneignen sollten – aber auch, welche Bereiche Sie bereits gut kennen!

Hinweis:
Die theoretische Prüfung zum Sportbootführerschein See besteht aus 7 Basisfragen. Von diesen müssen Sie mindestens 5 korrekt beantworten. Im Anschluss werden Ihnen 23 spezifische See-Fragen gestellt. Davon müssen Sie mindestens 18 korrekt beantworten. Sie erhalten 60 Minuten Zeit für die Multiple-Choice-Fragen. Ein Tipp vorweg: Versuchen Sie, mit dieser Übungsprüfung eine tatsächliche Prüfung so gut es geht nachzustellen. Versuchen Sie also, die Fragen möglichst innerhalb von 60 Minuten zu beantworten. Stellen Sie sich einen Wecker und verzichten Sie auf Hilfsmittel. Im Anschluss können Sie überprüfen, wie viele Aufgaben Sie richtig beantwortet haben.

Frage 1: Unter welchen Umständen darf ein Sportboot nicht geführt werden? Unter welchen Umständen darf auch dessen Kurs oder Geschwindigkeit nicht selbstbestimmt werden?

a) Wenn infolge einer körperlichen oder geistigen Behinderung eine sichere Führung nicht gewährleistet ist oder infolge des Genusses alkoholischer Getränke oder anderer berauschender Mittel eine sichere Führung nicht mehr möglich ist. Oder wenn eine Blutalkoholkonzentration von 0,5 Promille oder höher im Blut vorhanden ist.

b) Wenn infolge von körperlichen oder geistigen Mängeln oder aufgrund des Genusses von berauschenden Mitteln eine sichere Führung behindert ist oder wenn eine Blutalkoholkonzentration von 0,8 Promille oder mehr vorhanden ist.

c) Wenn infolge von körperlichen oder geistigen Mängeln oder aufgrund des Konsums von berauschenden Mitteln eine sichere Führung nicht mehr möglich ist oder eine Blutalkoholkonzentration von 0,3 Promille im Körper vorhanden ist.

d) Wenn aufgrund des Genusses alkoholischer Getränke oder des Konsums anderer berauschender Mittel eine Blutalkoholkonzentration von 1,0 Promille oder mehr im Körper vorhanden ist.

Frage 2: Wann gilt ein Fahrzeug unter Segel als Maschinenfahrzeug?

a) Wenn es gleichzeitig durch einen Motor betrieben wird.

b) Wenn nicht ausreichend Wind ist, um die Segel zu bewegen.

c) Wenn es mit einem Motor ausgerüstet ist.

d) Wenn die Segel zwar offen stehen, allerdings kaum dafür sorgen, dass das Boot angetrieben wird.

Frage 3: Wann muss ein Fahrzeug Lichter führen oder zeigen?

a) Wenn die Sicht aufgrund der äußeren Umstände vermindert ist oder zwischen Sonnenuntergang und Sonnenaufgang.

b) Sofern die äußeren Umstände eine klare Sicht nicht ermöglichen oder in der Zeit zwischen Sonnenaufgang und Sonnenuntergang.

c) Wenn die Wetterverhältnisse eine klare Sicht nicht zulassen, es also stark regnet oder starker Nebel herrscht.

d) Sofern es so dunkel wird, dass man ohne Licht nicht mehr sehen kann.

Frage 4: Wofür sind die Lichter an Fahrzeugen wichtig?

a) Sie sorgen dafür, dass andere Verkehrsteilnehmer das Fahrzeug erkennen können und dessen Lage sowie Fahrtrichtung sehen.

b) Sie sorgen dafür, dass der Fahrzeugführer andere Schiffe besser erkennt.

c) Sie sorgen dafür, dass andere Verkehrsteilnehmer die Position eines Fahrzeuges erkennen.

d) Sie sorgen dafür, dass andere Verkehrsteilnehmer die Position, die Fahrtrichtung und den Kurs eines Fahrzeuges wahrnehmen.

Frage 5: Wie müssen sich zwei motorbetriebene Boote verhalten, die einander entgegenfahren?

a) Beide Boote korrigieren ihren Kurs Richtung Steuerbord, um einander auszuweichen.

b) Beide Boote korrigieren ihren Kurs Richtung Backbord, um einander auszuweichen.

c) Nur einer der beiden Verkehrsteilnehmer muss seinen Kurs in die eine oder andere Seite korrigieren.

d) Beide Boote korrigieren ihren Kurs in eine Richtung, dürfen aber selbst entscheiden, ob sie Richtung Backbord oder Steuerbord fahren.

Frage 6: Warum sollte man sich von dicht bewachsenen Ufern sowie Schilfzonen möglichst fernhalten?

a) Diese Bereiche dienen häufig als Rastplatz, Brutplatz oder anderweitigen Schutzplatz von einigen bedrohten Tierarten. Darunter befinden sich zahlreiche Vögel und Fische.

b) Diese Bereiche bieten oft Schutz für gefährliche Tiere, die eine Gefahr für die Passagiere an Bord darstellen könnten.

c) In diesen Zonen besteht die Gefahr, auf Grund zu laufen.

d) In diesen Zonen ist es nur sehr schwer, Schwimmer zu erkennen.

Frage 7: Wie muss man sich verhalten, wenn man auf engem Fahrwasser anderen Fahrzeugen oder anderen Wassersportlern begegnet?

a) Man muss versuchen, einen ausreichenden Sicherheitsabstand zu gewährleisten und die Geschwindigkeit herabzusetzen.

b) Man muss das Boot sofort zum Stehen bringen.

c) Das Boot oder der Verkehrsteilnehmer, der sich gegen den Strom bewegt, muss dem anderen sofort ausweichen.

d) Alle Verkehrsteilnehmer haben ihre Aktivität sofort zu stoppen, bis man untereinander ausmachen kann, wie man umeinander herumfahren kann.

Frage 8: Sofern man sich an einem sicheren Ankerplatz befindet, wie viel Ankerkette beziehungsweise -leine muss man ausgestreckt lassen?

a) Man sollte mindestens die dreifache Wassertiefe bei einer Kette und mindestens die fünffache Wassertiefe bei einer Leine rauslassen.

b) Man sollte mindestens die fünffache Wassertiefe bei einer Kette oder bei einer Leine rauslassen.

c) Man sollte mindestens die fünffache Wassertiefe bei einer Leine und mindestens die dreifache Wassertiefe bei einer Kette rauslassen.

d) Man braucht gar keine zusätzliche Fläche rausstrecken. Wichtig ist, dass vor allem die Wassertiefe erreicht wird.

Frage 9: Was ist ein linksdrehender Propeller?

a) Ein Propeller, der sich in Vorausfahrt gegen den Uhrzeigersinn dreht.

b) Ein Propeller, der sich bei Vorausfahrt mit dem Uhrzeigersinn dreht.

c) Ein Propeller, der sich immer im Uhrzeigersinn dreht.

d) Ein Propeller, der sich immer gegen den Uhrzeigersinn dreht.

Frage 10: Was ist das Manöver des letzten Augenblicks?

a) Das Ausweichmanöver desjenigen, der den Kurs halten darf

b) Das Ausweichmanöver desjenigen, der zum Ausweichen verpflichtet ist

c) Ein Ausweichmanöver, das in letzter Sekunde durchgeführt wird, um eine Kollision zu verhindern

d) Ein Ausweichmanöver, das von beiden entgegenkommenden Fahrzeugen gleichzeitig durchgeführt wird

Frage 11: Welche Fahrzeuge müssen bei Dunkelheit Seitenlichter in Rot und Grün sowie ein weißes Hecklicht führen?

a) Ruderboote, Segelboote und geschleppte Fahrzeuge

b) Ruderboote, geschleppte Fahrzeuge und jede Art Motorboot

c) Jede Art Boot von einer Länge von mehr als 50 Metern

d) Manövrierunfähige Boote

Frage 12: Welches Licht muss ein Ankerlieger mit einer Größe von weniger als 50 Metern führen?

a) Ein weißes Rundumlicht an einer Stelle, die gut sichtbar ist

b) Zwei weiße Rundumlichter an gut sichtbaren Stellen

c) Ein rotes und ein weißes Rundumlicht

d) Ein weißes Rundumlicht und ein rotes Topplicht

Frage 13: Wie muss sich ein motorbetriebenes Fahrzeug auf dem Wasser verhalten, wenn es auf ein Fahrzeug unter Segeln trifft und ein Zusammenstoß droht?

a) Das motorbetriebene Boot muss ausweichen

b) Das motorbetriebene Boot darf den Kurs halten und wartet auf das Ausweichmanöver des Segelbootes

c) Das motorbetriebene Boot muss nur im Falle des Manövers des letzten Augenblicks ausweichen

d) Das motorbetriebene Boot muss seine Geschwindigkeit verringern, ggf. sogar anhalten, bis das Segelboot sicher vorbeigezogen ist

Frage 14: Wo steht geschrieben, welche Gebiete auf dem Wasser Seeschifffahrtsstraßen sind?

a) In der Seeschifffahrtsstraßen-Ordnung und der Schifffahrtsstraßenordnung Emsmündung

b) In der Seeschifffahrtsstraßen-Ordnung

c) In der Seeschifffahrtsstraßen-Ordnung und der Binnenschifffahrtsstraßen-Ordnung

d) In dem Seeaufgabengesetz

Frage 15: Wie lang ist eine Seemeile in Metern?

a) 1852 Meter

b) 1652 Meter

c) 1853 Meter

d) 1653 Meter

Frage 16: Was bezeichnet die Geschwindigkeitsbezeichnung „Knoten"?

a) Die Anzahl der Seemeilen, die innerhalb einer Stunde zurückgelegt werden

b) Die Anzahl der Seemeilen, die innerhalb eines Tages zurückgelegt werden

c) Die Anzahl der Meilen, die innerhalb einer Stunde zurückgelegt werden

d) Die Anzahl der Kilometer, die innerhalb eines Tages zurückgelegt werden

Frage 17: Was bezeichnet der Begriff Flut?

a) Das Steigen von Niedrigwasser zu Hochwasser

b) Das Fallen von Hochwasser zu Niedrigwasser

c) Den höchsten Wasserstand der Gezeiten

d) Die Differenz des Wasserstandes zwischen Niedrig- und Hochwasser

Frage 18: Wer hat Sorge zu tragen, dass die Verkehrsregeln eingehalten werden?

a) Der Fahrzeugführer des Bootes oder sein Stellvertreter, wenn der Fahrzeugführer abwesend ist

b) Fahrzeugführer und Stellvertreter gemeinsam

c) Alle Mannschaftsmitglieder gleichermaßen

d) Der Fahrzeugführer und jeder sonstige Verantwortliche

Frage 19: Was versteht man unter dem Begriff Tidenhub?

a) Höhenunterschied zwischen Hoch- und Niedrigwasser

b) Höhenunterschied zwischen zwei aufeinanderfolgenden Hochwassern

c) Die Übergangsphase zwischen Niedrig- und Hochwasser

d) Den Wechsel der Gezeiten

Frage 20: Welche Bedeutung hat diese Tonne/ dieses Zeichen?

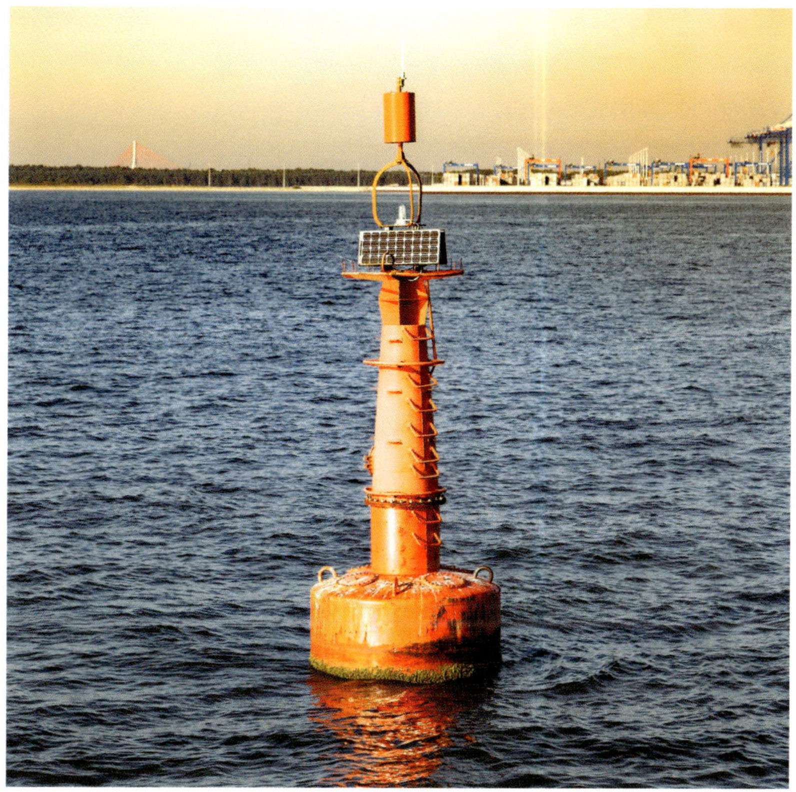

a) Kennzeichnet die Steuerbordseite der Wasserstraße

b) Kennzeichnet die Backbordseite der Wasserstraße

c) Kennzeichnet ein Hindernis

d) Kennzeichnet die Mitte der Fahrstraße

Frage 21: Wofür wird die Beaufort-Skala verwendet?

a) Sie erklärt die Windstärken von 0 bis 12 und deren Auswirkungen auf See

b) Sie erklärt die Windstärken von 0 bis 14 und deren Auswirkungen auf See

c) Sie erklärt die Sturmstärken von 0 bis 12 und deren Auswirkungen auf See

d) Sie erklärt die Wellenhöhe und deren Auswirkungen auf die Seefahrt bei Flut und Ebbe

Frage 22: Ab welcher Windstärke wird es eine Sturmwarnung geben?

a) Ab einer Windstärke von 8 oder mehr

b) Ab einer Windstärke von 9 oder mehr

c) Ab einer Windstärke von 10 oder mehr

d) Ab einer Windstärke von 7 oder 8

Frage 23: Was versteht man amtlich unter der Bezeichnung orkanartiger Sturm und Orkan?

a) Windstärke 11 und 12

b) Windstärke 10 und 11

c) Windstärke 10 und höher

d) Windstärke 12 und höher

Frage 24: Wo kann man die Grenzen der Naturschutzgebiete auf See finden?

a) In Seekarten

b) In den Bundesnaturschutzgesetzen

c) In den Bekanntmachungen für Seefahrer

d) In den Kollisionsverhütungsregeln

Frage 25: Wo erhalten Sie Informationen über die Leuchtfeuer der Nordsee?

a) Im Leuchtfeuerverzeichnis Nordsee des Bundesamtes für Seeschifffahrt und Hydrographie

b) In den Bekanntmachungen für Seefahrer

c) In den Leuchtfeuerverzeichnissen, die durch die jeweiligen Ortschaften herausgegeben werden

d) In den Gezeitentafeln

Frage 26: Welche Grundregel gilt, um Kollisionen zu vermeiden?

a) Muskelbetriebene Boote haben Vorrang vor motorbetriebenen Booten

b) Motorbetriebene Boote haben Vorrang vor muskelbetriebenen Booten

c) Boote unter Segel haben Vorrang vor allen anderen Booten

d) Die Bootsart hat nichts damit zu tun, Vorrang hat das Boot, das von rechts kommt

Frage 27: Welche Lichter müssen geschleppte Fahrzeuge führen?

a) Ein weißes Hecklicht sowie zwei Seitenlichter in Rot und Grün

b) Ein weißes Rundumlicht sowie zwei Seitenlichter in Rot und Grün

c) Ein weißes Rundumlicht, ein weißes Hecklicht und zwei Seitenlichter in Rot und Grün

d) Ein weißes Hecklicht sowie zwei Seitenlichter, beide in Rot

Frage 28: Was markiert eine Tafel mit einem weißen Strich auf rotem Grund?

a) Eine Zone, die nicht befahren werden darf

b) Eine Zone, in der nicht geankert werden darf

c) Eine Zone, in der mit besonders niedriger Geschwindigkeit gefahren werden muss

d) Eine Zone, in der nicht gefischt werden darf

Frage 29: Was versteht man unter einem Funkellicht?

a) Ein Licht mit mindestens 120 Lichterscheinungen pro Minute

b) Ein Licht mit mindestens 60 Lichterscheinungen pro Minute

c) Ein Licht mit mindestens 150 Lichterscheinungen pro Minute

d) Ein Licht mit mindestens 100 und maximal 120 Lichterscheinungen pro Minute

Frage 30: Womit muss man bei schnellem und deutlich fallendem Luftdruck rechnen?

a) Starkwind oder Sturm

b) Windstille oder sehr leichte Brise

c) Generelle Wetterverbesserungen

d) Generelle Wetterverschlechterungen

Frage 31: Was versteht man unter einer Peilung?

a) Das Feststellen der Richtung eines feststehenden Objektes mittels Winkelmessung

b) Das Feststellen der Abweichung zweier Kompasse

c) Das Feststellen der Entfernung zum nächsten Ufer

d) Das Feststellen der Kursrichtung des eigenen oder eines anderen Schiffes

Frage 32: Was sollte man vor Nutzung einer Seekarte beachten?

a) Dass die Karte auf dem neuesten Stand ist und dass die Kürzel in Landessprachen unterschiedlich sein können

b) Dass die Karte sich auf das mittlere Tidehochwasser bezieht

c) Dass die Karte für deutsche Urlauber übersetzt wurde, sofern man sie im Ausland erhält

d) Dass die Karte möglichst unbenutzt aussieht

Nun können Sie Ihr Testergebnis überprüfen: In all diesen Fragen war Antwort A die richtige. Wie viele Basisfragen und wie viele spezifische Fragen haben Sie richtig beantworten können?

Wissenswertes rund um den Sportbootführerschein

Nachdem Sie nun umfassende theoretische und praktische Kenntnisse rund um das Führen eines Bootes erhalten haben, soll es in diesem Abschnitt noch einmal gezielt um den Sportbootführerschein gehen. Neben all den zuvor genannten Aspekten gibt es noch zahlreiche andere wissenswerte Informationen rund um den Bootführerschein. Diesen Informationen widmet sich dieser Abschnitt.

Den Sportbootführerschein international nutzen

Wenn Sie Ihren Sportbootführerschein erfolgreich abgeschlossen haben, fragen Sie sich wahrscheinlich, ob Sie ihn auch beim Urlaub außerhalb Deutschlands einsetzen können. Grundsätzlich sollte dies kein Problem sein. Der Sportbootführerschein sollte auch in anderen Ländern akzeptiert werden. Allerdings gilt das insbesondere und in manchen Ländern nur für die neuen Scheine, also für solche im Scheckkartenformat. Sollten Sie noch einen alten Führerschein haben, lautet die Empfehlung, diesen vor Auslandsaufenthalt gegen einen neuen einzutauschen. So sind Sie auf der sicheren Seite, dass Sie den Sportbootführerschein auch im Urlaub nutzen können. Für viele Menschen ist schließlich gerade dieser Aspekt ein besonderes Vergnügen.

Im Ausland ein Boot leihen

Natürlich möchten viele Menschen den Sportbootführerschein auch gerade beim Ausleihen eines Bootes nutzen. Dies kann im Ausland noch einmal anders aussehen als in Deutschland. Ein Sportbootführerschein mit dem Geltungsbereich für Seeschifffahrtsstraßen sollte allerdings auch in allen anderen Ländern als gültiger Nachweis anerkannt werden. Er gilt als internationaler Befähigungsnachweis für das Führen eines Sportbootes auf Seeschifffahrtsstraßen. Dort kann er bis zu 3 Seemeilen Abstand von der Küste eingesetzt werden. Dies gilt für alle Sportboote, die eine Leistung von 15 PS haben. Auch für Sportboote, die eine stärkere Leistung als 15 PS haben, ist dieser Schein gültig. Für leistungsschwächere Sportboote ist teilweise kein Nachweis erforderlich. Lesen Sie unbedingt die örtlichen Bestimmungen des jeweiligen Ziellandes. Alternativ wird man Ihnen auch vor Ort beim Bootsverleih bekanntgeben, ob Ihr Schein gültig ist oder welchen Schein Sie benötigen. Allerdings wäre es sehr schade, wenn Sie erst bei Ankunft die Enttäuschung erleben, dass der Schein, den Sie haben, nicht ausreicht. Mit dem Sportbootführerschein See sollten Sie jedoch immer auf der sicheren Seite sein. Dies gilt vor allem auch für die Küstenbereiche. Auf Binnengewässern reicht normalerweise auch der Sportbootführerschein Binnen.

Sportbootführerscheine aus der DDR

So manch einer hat wahrscheinlich noch den Sportbootführerschein aus der ehemaligen DDR. Auch diese Scheine gelten grundsätzlich unbefristet für den im Schein angegebenen Bereich. Ein Problem erhalten Sie jedoch in der Regel im Ausland. Dort werden Scheine aus der ehemaligen DDR sehr wahrscheinlich nicht mehr angenommen. Sie können sich aber einen neuen Schein ausstellen lassen. Dafür müssen Sie einfach Ihren alten Schein gegen einen neuen Sportbootführerschein eintauschen. Eine Wiederholung der Prüfung ist nicht nötig. In anderen Ländern wird in der Regel nur der aktuelle Scheckkartenschein problemlos anerkannt.

Die Gültigkeit des Sportbootführerscheins

Sportbootführerscheine gelten grundsätzlich unbefristet. Sie haben kein Ablaufdatum. Daher können Sie auch Sportbootführerscheine nutzen, die viele Jahre oder sogar Jahrzehnte alt sind. Probleme kann es auch hier wiederum im Ausland geben. Dort kann es teilweise zu Befristungen kommen. Einige Länder akzeptieren nur aktuelle Scheine. Teilweise dürfen die Scheine nur wenige Jahre alt sein. Da Ihr Sportbootführerschein in Deutschland jedoch unbefristet gültig ist, können Sie einen alten Schein jederzeit problemlos gegen ein aktuelles Modell eintauschen. Falls Fragen aufkommen sollten, können Sie einfach angeben, dass Sie den Schein für den Urlaub nutzen möchten. Innerhalb Deutschlands werden Sie jedoch keine Probleme bekommen.

Ausländische Sportbootführerscheine auf deutschem Gebiet

Sie wissen nun, dass Sie Ihren deutschen Sportbootführerschein grundsätzlich auch in anderen Ländern nutzen können. Doch wie sieht es andersherum aus? Können Sie einen ausländischen Schein auch im Inland nutzen? Hier kann es komplizierter werden. Ausländische Sportbootführerscheine sind auf deutschen Schifffahrtsstraßen nur laut einer sogenannten Gastregel erlaubt. Das bedeutet, Sie können höchstens für einen begrenzten Zeitraum von maximal einem Jahr anerkannt werden. Außerdem setzt dies voraus, dass der Inhaber des Führerscheins seinen Wohnsitz nicht in Deutschland hat, sondern in dem Land, in dem der Führerschein erworben wurde. Das bedeutet, dass der Schein aus dem Wohnsitzland kommen muss. Haben Sie Ihren Schein also im Urlaub erworben und Ihren ständigen Wohnsitz weiterhin in Deutschland, können Sie den Schein laut der Gastregel nicht nutzen. Die Gastregel soll es Urlaubern ermöglichen, auch im Urlaub Ihren Sportbootführerschein nutzen zu können. Sie soll jedoch nicht von deutschen Staatsbürgern dazu genutzt werden, einen möglicherweise leichter oder günstiger erworbenen Schein mit nach Deutschland zu bringen.

Auch die Umschreibung eines ausländischen Sportbootführerscheins zu einem deutschen ist grundsätzlich unmöglich. Es gibt jedoch eine Ausnahme. Das sogenannte Zertifikat nach der Resolution Nr. 40 ECE ist eine solche

Ausnahme. Wer über ein solches internationales Zertifikat verfügt, kann bei der Prüfung zum Sportbootführerschein in Deutschland die praktische Prüfung erlassen bekommen. Das Zertifikat weist nämlich nach, dass der Inhaber durchaus in der Lage ist, ein Sportboot zu lenken. Um die theoretische Prüfung werden Sie in dem Fall jedoch nicht herumkommen. Das Zertifikat wird außerdem nicht von allen Ländern weltweit anerkannt. Es wird jedoch von zahlreichen europäischen Ländern und vor allem Nachbarländern Deutschlands genutzt. Dazu gehören beispielsweise Österreich, Kroatien, Frankreich, Finnland, Irland, die Niederlande und Rumänien.

Einen neuen Führerschein ausstellen lassen

Wenn Sie einen neuen Sportbootführerschein benötigen, können Sie sich diesen bei der Geschäftsstelle des Deutschen Seglerverbands in Hamburg ausstellen lassen. Sie müssen dazu einen passenden Antrag ausfüllen. Dann erhalten Sie einen Ersatzführerschein. Diesen Führerschein benötigen Sie beispielsweise, wenn Sie ein aktuelles Modell benutzen müssen oder wenn Ihr alter Führerschein ins Wasser gefallen ist. Auch gestohlene Sportbootführerscheine können so ersetzt werden. Haben Sie noch einen alten Sportbootführerschein, der gegen das neue Scheckkartenformat eingetauscht werden soll, ist dies gegen eine Gebühr möglich. Auch hier gehen Sie zur Geschäftsstelle des Deutschen Seglerverbands in Hamburg. Sie müssen den entsprechenden Antrag ausfüllen und die Gebühr bezahlen. Dann erhalten Sie innerhalb kürzester Zeit eine neue Scheckkarte für Ihren Sportbootführerschein.

Änderung persönlicher Daten

Es kann immer wieder vorkommen, dass persönliche Daten geändert werden müssen. So verändern einige Menschen im Laufe ihres Lebens beispielsweise ihren Nachnamen, manchmal sogar ihren Vornamen. Auch die Anschrift kann sich ständig ändern. Verändert sich eines dieser Daten, ist die Ausstellung eines neuen Sportbootführerscheins nicht vorgeschrieben. Im Grunde müssen Sie sich also nicht darum kümmern, die Daten auf Ihrem Führerschein zu erneuern. Allerdings wird in der Regel stark empfohlen, dies zu tun. Schließlich kann es gerade bei Änderungen von Namen große Missverständnisse geben. Um dies vorzubeugen, ist es ratsam, sich immer zeitnah um eine Änderung zu kümmern.

Wann lohnt sich der Binnenführerschein?

Es wurde bereits direkt zu Beginn dieses Buches erwähnt, dass der Sportbootführerschein See der sinnvollste ist. Da die meisten Seefahrer früher oder später auch auf das offene Wasser hinaus möchten, lohnt es sich, mit diesem Schein zu beginnen. Wird der Schein zuerst erworben, ist es im Nachhinein viel einfacher, andere Scheine hinzuzufügen. Andersherum erleichtert es die Prüfung für den Sportbootführerschein See nicht, wenn man bereits einen anderen Sportbootführerschein oder einen Segelschein hat. Der Sportbootführerschein Binnen lohnt sich dann, wenn man als Fahrer auf Binnengewässern unterwegs sein möchte. Wer sich wirklich sicher ist, dass er nicht auf das offene Wasser hinaus möchte oder aufgrund des eigenen Bootes gar nicht auf dem offenen Wasser unterwegs sein kann, der kann auch mit diesem Führerschein beginnen. Der Führerschein lohnt sich als Erstes vor allem dann, wenn zahlreiche schöne Binnengewässer in der unmittelbaren Umgebung sind, die Küste allerdings in weiter Ferne ist. Natürlich hängt es auch immer ein wenig von den persönlichen Vorlieben ab. Manche Menschen lieben beispielsweise das Fahren auf Seen. Wiederum werden häufig genau diese Menschen dann bei hohem Wellengang an den Küsten seekrank. In dem Fall macht es selbstverständlich weitaus mehr Spaß, die Seen zu befahren. Dann kann es sich tatsächlich lohnen, direkt den Sportbootführerschein Binnen zu vollziehen.

Den Sportbootführerschein übertragen

Eigentlich sollte es jedem klar sein, doch immer wieder fragen Sportbootführerschein-Inhaber, ob sie ihren Führerschein auf andere übertragen können. Die ganz klare Antwort lautet hier Nein. Schließlich können Sie auch nicht so einfach einen KFZ-Führerschein übertragen. Der Sportbootführerschein ist ein persönliches Dokument. Er wird Ihnen und nur Ihnen persönlich ausgestellt. Auch ein Ehepartner oder ein anderes Familienmitglied kann den Schein nicht nutzen. Selbstverständlich können Sie Freunde und Verwandte jedoch mit aufs Boot nehmen, wenn ausreichend Platz für Passagiere ist. Dabei spielt es grundsätzlich keine Rolle, ob es sich um Ihr eigenes Boot oder ein ausgeliehenes handelt. Wichtig ist dabei nur, dass die zugelassene Anzahl an Passagieren nicht überschritten wird. Außerdem sollte niemand ohne Rettungsjacke an Bord sein. Dadurch wird das Risiko, sich zu gefährden, deutlich geringer.

Bonus: Das Seemanns-Register zum Nachschlagen

In diesem Kapitel erhalten Sie ein umfassendes Seemannsregister zum Nachschlagen. Alle wichtigen Informationen finden Sie hier übersichtlich auf einen Blick. Kommen Sie gerne jederzeit wieder zu diesem Teil zurück, um eine notwendige Information kurz und prägnant zu erhalten.

Seemanns-ABC:

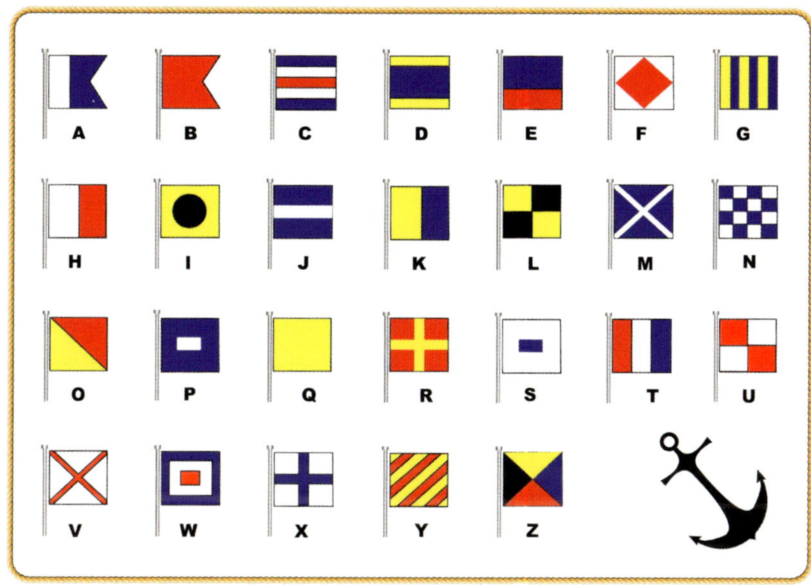

Seemanns-Knoten:

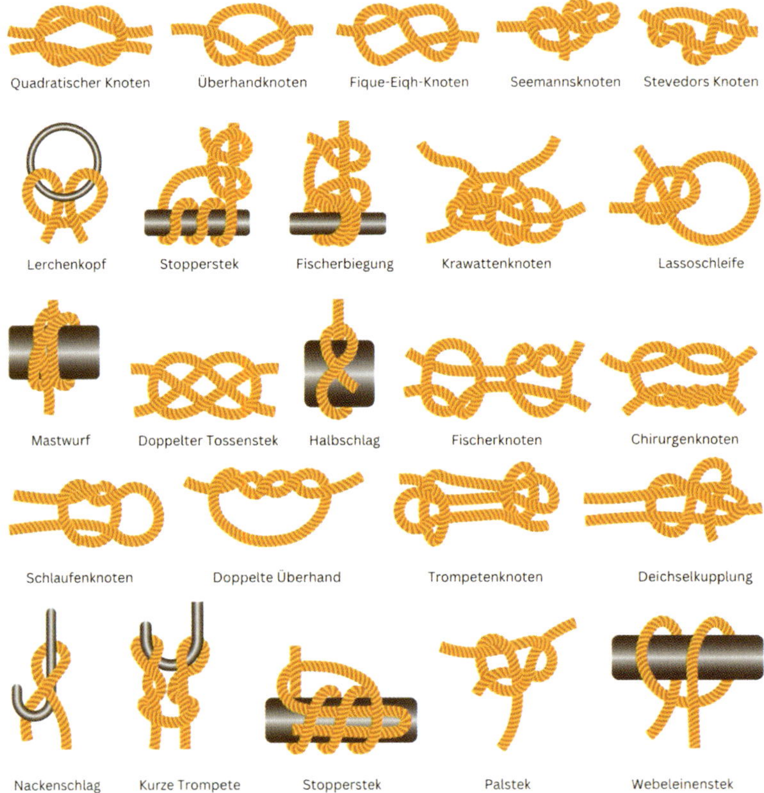

Seemanns-Sprache und -Begriffe:

Anker	Eine Kette oder Leine mit einem schweren Haken am Ende, der in den Meeresboden greift und somit ein Abtreiben des Bootes verhindert; ermöglicht sozusagen das „Parken“ außerhalb des Hafens
Backbord	Backboard bezeichnet die linke Seite des Bootes, wenn man nach vorne schaut.
Beiboot	Ein Beiboot ist ein kleines Boot, das zur größeren Yacht oder zum Sportboot gehört; für ein schnelles Übersetzen von Land zum Boot oder umgekehrt.
Bug	Der Bug bezeichnet den vorderen Teil eines Schiffs.
Dingi	Ein Dingi ist wie ein Beiboot, ein kleines Schlauchboot, das an dem Hauptboot befestigt ist.
Fall	Leinen, mit denen beispielsweise Segel an Masten hochgezogen werden
Fieren	Fieren bezeichnet einen Vorgang, bei dem Segel herausgelassen werden; belastete Leinen werden gelockert.
Großsegel	Das Segel eines Bootes, das am Mast befestigt ist und viel Wind einfängt
Heck	Der hintere Teil des Bootes
Kabinen	Schlafzimmer auf einem Boot, beispielsweise einer Yacht
Kai	Eine Steinplattform, auch Metallplattform, die neben dem Wasser liegt oder ins Wasser ragt und der Befestigung des Bootes dient
Kiel	Die zentrale Basis des Schiffrumpfes
Knoten	Schleifen oder Verknüpfungen, die in Leinen gebunden werden; auch die Bezeichnung der Geschwindigkeit auf See
Kombüse	Die Küche auf einem Boot
Kojen	Schlafplätze auf einem Boot
Kreuzen	Gegen den Wind im Zickzack segeln
Mast	Der große Pfahl, häufig aus Metall oder Holz, der in der Mitte des Bootes in den Himmel ragt und der Befestigung der Segel dient

Mooring	Befestigung des Bootes an einer mit dem Meeresgrund verbundenen Boje; eine andere Art des Parkens, ähnlich wie das Ankern
Navigation	Das Herausfinden und Planen von Ort und Richtung auf dem Wasser
Rumpf	Der Bootsteil, der schwimmt, sozusagen der Hauptkörper
Seekarte	Eine Karte für das Navigieren auf dem Wasser inklusive wichtiger Details für das Ankern und die Positionsbestimmung
Seemeile	Maßeinheit für die Entfernung auf dem Wasser; eine Seemeile entspricht 1852 Metern
Skipper	Kapitän des Bootes
Steuer	Ein Rad oder Ähnliches zur Steuerung des Bootes
Steuerbord	Die rechte Seite des Bootes, wenn man nach vorne schaut
Tiefgang	Die minimale benötigte Wassertiefe, damit das Boot schwimmt

Leinen los!

An dieser Stelle noch ein paar abschließende Worte, die wir Ihnen mit auf den Weg geben möchten. Sie haben nun reichlich über die Hintergründe des Sportbootfahrens gelernt. Sie wissen, dass es verschiedene Arten von Sportbooten und verschiedene Prüfungen gibt und wie Sie sie ablegen können. Wie bereits zuvor erwähnt wurde, ist es ratsam, mit dem Sportbootführerschein See zu beginnen. Wenn Sie mit diesem Schein beginnen, wird es deutlich leichter, auch andere Scheine zu absolvieren. Gerade dann, wenn Sie also wissen, dass Sie früher oder später auch außerhalb von Seen und Flüssen segeln oder fahren möchten, ist dieser Schein genau das Richtige für Sie. Tatsächlich ist dies das Ziel der meisten Sportbootführer und Segler. Schließlich ist das Fahren auf offenem Meer einer der größten Träume vieler Bootliebhaber.

Machen Sie sich auf jeden Fall ausgiebig mit den theoretischen Hintergründen vertraut. Dies ist nicht nur für die theoretische Prüfung wichtig. Sie werden das Theoriewissen auf jeden Fall für die Praxis benötigen. Auf den theoretischen Grundlagen baut schließlich auch die Praxis in jeder Hinsicht auf. Nutzen Sie verschiedene Lernmethoden. Sich theoretisches Wissen anzueignen, ist nicht immer ganz einfach. Selbst bei sehr lieb gewonnenen Hobbys kann es schwierig sein, alle Informationen bestmöglich aufzunehmen. Sie kennen das sicherlich, wenn Sie bereits einen Führerschein für den Straßenverkehr besitzen. Selbst wenn nicht, kennen Sie solche theoretischen Prüfungen garantiert aus der Schulzeit, Ausbildungszeit oder der Zeit an der Universität. Selbst dann, wenn einem das Thema liegt, kann das Lernfeld theoretische Prüfung anstrengend und nervenaufreibend sein. Finden Sie deshalb Lernmethoden, die zu Ihnen passen. Für manche Menschen ist es tatsächlich das Effektivste, sich mit den Prüfungsfragen zu befassen und regelmäßig Prüfungsfragen zu lösen. Andere Menschen finden es einfacher, den Lernstoff auditiv aufzunehmen. Wenn Sie zu den auditiven Lernern gehören, können Sie sich beispielsweise ein Audiobuch zulegen. Wenn Sie die Möglichkeit haben, auf ein Boot zu steigen, beispielsweise bei einem Freund oder Verwandten, sollten Sie auch dies bereits vor der Theorieprüfung in Betracht ziehen. Natürlich ist das keine Einladung, ein Boot ohne Führerschein zu lenken. Wenn sich jedoch die Möglichkeit bietet, auf ein Boot zu steigen mit jemandem, der bereits einen Führerschein hat, kann dies das Lernen weitgehend erleichtern. Schließlich können Sie so aus erster Hand sehen und lernen, wie es sich auf einem Boot gestaltet. Falls Sie dazu keine Gelegenheit haben, machen Sie sich keine Sorgen. Sie werden dazu Gelegenheit bekommen, sobald Sie an die praktischen Fahrstunden gehen. An dieser Stelle soll Ihnen einfach nur der Tipp mitgegeben werden, sich eine Lernmethode herauszusuchen, die Ihnen das Lernen bestmöglich gestaltet.

Denken Sie daran, dass Sie reichlich praktische Erfahrung benötigen, bevor Sie sich sicher auf einem Boot fühlen können. Neben den verpflichtenden Stunden können Sie selbstverständlich jederzeit auch freiwilligen Unterricht nehmen. Üben Sie so oft es geht. Auch wenn Sie den Führerschein bereits in der Tasche haben, kann es am Anfang mehr Sicherheit geben, direkt mehrfach aufs Wasser hinauszufahren. So verinnerlichen sich die gelernten Manöver noch mehr. Wahrscheinlich muss Ihnen dieser Tipp aber gar nicht mitgegeben werden. Sobald Sie nämlich den Führerschein bestanden haben, werden Sie vor lauter Freude sicherlich so oder so direkt aufs Wasser hinauswollen. An dieser Stelle sei daher auch noch einmal an die Versicherungen erinnert.

Ansonsten bleibt zum Abschluss nicht mehr viel zu sagen. Üben Sie fleißig und lassen Sie die Vorfreude auf Ihren ersten eigenen Bootstrip steigen. Viel Spaß und viel Erfolg!

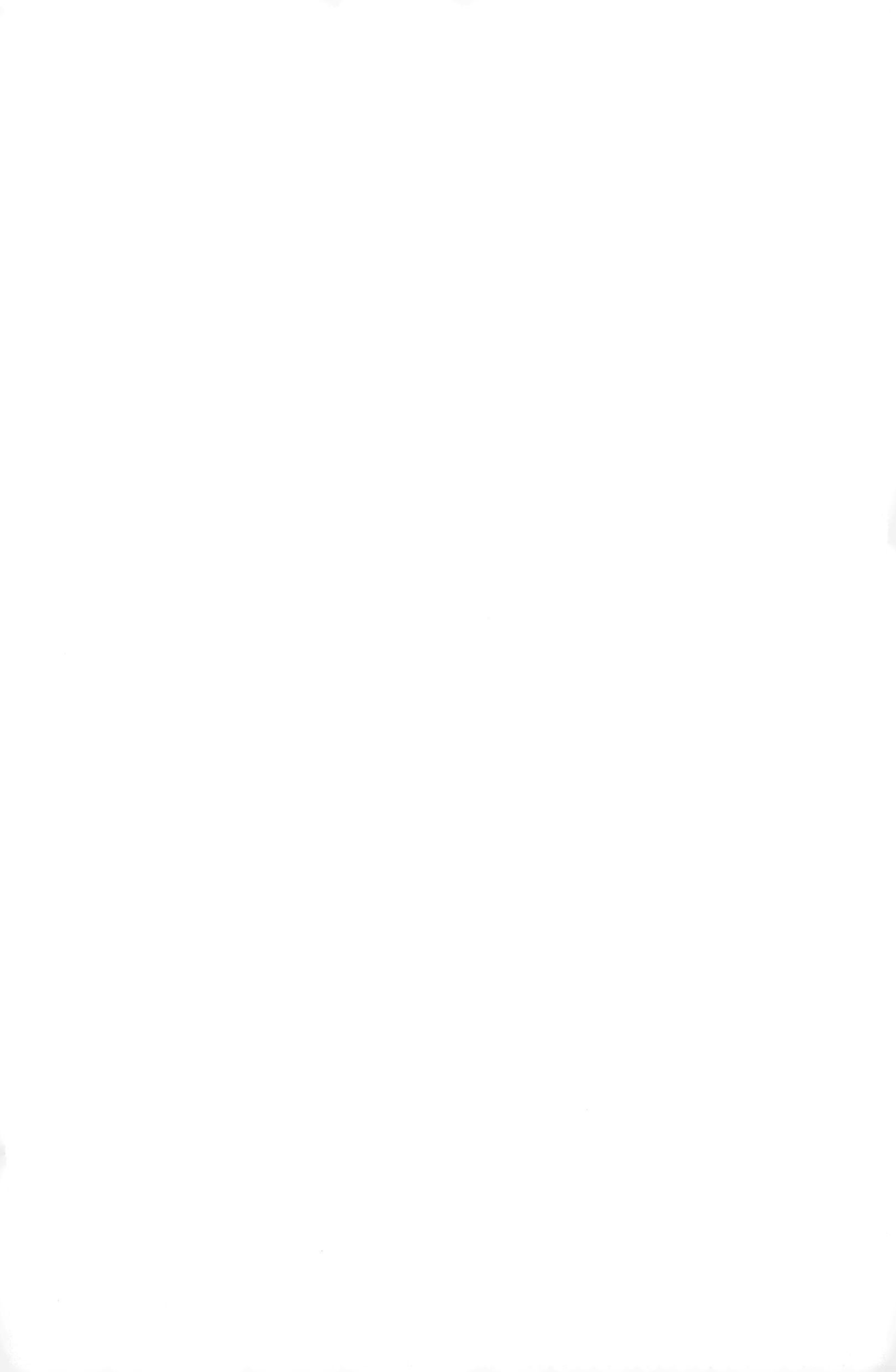